종교의 한계 안에서의 이성

Reason Within the Bounds of Religion

니콜라스 월터스토프

KB214759

종교의 한계 안에서의 이성

2023년 3월 10일 초판 1쇄 발행

지은이 니콜라스 월터스토프
옮김·펴냄 김지호

도서출판 100
전 화 070-4078-6078
팩 스 050-4373-1873
소재지 경기도 파주시 아동동
이메일 100@100book.co.kr
홈페이지 www.100book.co.kr
등록번호 제2016-000140호

ISBN 979-11-89092-34-4 93230

그리스도인 학자가 어떠해야 하는지를
25년 전 내게 처음으로 보여 준
한 명의 해리와 두 명의 헨리―젤르마, 스토브, 자일스트라―에게

목차

- 성경 본문은 성경전서 새번역(2001)에서 인용하였고, 필요에 따라 일부 수정하였다.

- 독자의 이해를 돕기 위한 옮긴이의 첨언은 〔 〕로 표시하였고, 다소 긴 부분은 "옮긴이 주"로 표시하였다.

제2판 서문

이 책의 초판은 I부에 담았다. I부를 쓴 지 7년 정도 지난 지금은 같은 방식으로 쓸 수 없다. 나는 여전히 논의의 핵심 사안을 지지하지만, 여기서 제기한 쟁점들을 7년 동안 계속 숙고한 결과(책에 대한 반응으로 인해 다시 살펴본 부분도 있다) 몇 가지 점을 바로잡고 몇몇 오해의 소지를 제거하고 싶어졌다. 또한 설명을 좀 더 보태고 의미를 한정하고 글을 다듬는 일을 비롯하여 쟁점을 더 정교하게 논해야겠다는 느낌도 들었는데, 이 점이 더 중요할 것이다. 그럼에도 나는 원작이 쟁점들을 비교적 뚜렷하게 제시한 것이 여전히 유용하다고 판단한다. 흥미로운 나무를 대부분 지나치면서 숲 전체를 보게 한 장점이 있다. 그래서 나는 원래 있던 내용을 변경하지 않고 출간하기로 했다.

그 대신 II부를 추가하였다. 모든 학자가 두 가지 근본적인 문제에 직면한다. 학자들은 어떤 문제를 탐구할지 결정해야 한다. 그리고 탐구 중인 문제에 관하여 어떤 견해를 취할지 결정해야 한다. 초판에서는 이 두 가지 중 두 번째 문제에 그리스도교 신앙이 미치는 영향에 관해서만 논했다. 새롭게 추가한 II부에서는 첫 번째 문제에 그리스도교 신앙이 미치는 영향에 관하여 논한다. II부에 담긴 내용은 원래 《크리스천 스콜라스 리뷰》(Christian Scholar's Review 9[1980], 317-34)에 발표한 것이고, 허락을 받아 이 책에 실었다.

N.P.W.

초판 서문

이 글은 그리스도인을 위한 것이다. 물론 그리스도인이 아닌 사람이 읽는 것도 환영하지만, 나는 그리스도인을 위해 쓰고 있다.

내가 그리스도인을 위해 쓴 것은 일종의 독백이다. 나는 그리스도인이라는 나 자신의 근본 정체성이 나의 학문 수행과 어떤 관련이 있는지, 더 중요하게는 어떻게 관련**해야** 하는지를 스스로 묻고 있다.

이 독백에는 대화가 많지 않다. 다른 많은 그리스도인 학자도 자신의 종교적 헌신과 학문의 관계를 숙고해 왔다. 나는 이런 글을 많이 읽었다―동의할 때가 종종 있었고 아마 동의하지 않은 적이 더 많았지만, 항상 얻는 것이 있었다. 하지만 나는 여기서 내 몫의 일을 하고, 동료 학자들과의 자세한 대화는 다른 기회로 미루기로 했다.

내가 고찰 중인 일반적 주제는 종교와 과학(Wissenschaft)이다. 나는 그리스도교라는 종교 안에서 이 주제를 다루지만, 내가 답하는

구조는 다른 종교에서도 취할 수 있을 것이다. 이를테면 확신에 찬 불교도에게 나는 이렇게 말할 수 있다. 당신이 믿는 종교에서 무결성(integrity)을 발견하려면, 당신이 이론을 고안하고 평가할 때 당신 종교의 신념을 사용하여 통제해야 한다고 말이다―이는 내가 그리스도인들에게 말하고자 하는 바다.

나는 철학자고, 책에서 철학적 주제를 다루고 있다. 그래서 철학적 독백이 될 것이다. 하지만 철학자가 아닌 이들도 이해하고 도움을 얻기를 바라며 썼다. 따라서 독자에게 철학적 전문 지식이 있다고 전제하지 않았다. 하지만 철학자들의 논의 방식을 많이 접해 보지 않은 독자는 5장과 6장을 읽는 게 고될 것이다. 이 두 장을 건너뛴다 해도 논의에 불가결한 내용을 놓치지는 않을 것이다. 철학에 친숙한 이들을 위해서는 꽤 상세한 주(註)를 달았다. 이 책의 제목은 아마 철학을 공부하는 학생이라면 알겠지만 칸트에게 빌려 와서 내 마음대로 바꾼 것이다.

독자는 각 장이 단편적이며 다소 느슨하게 연결되어 있다고 생각할 것이다. 이는 의도한 바다. 독자는 글을 읽으면서 각 장의 연관성을 찾는 데 과하게 신경 쓰지 않는 게 좋다. 책을 다 읽을 즈음이면 연관성이 분명해질 것이다.

원래 이 글이 담은 내용 대부분은 개혁파 및 장로교 전통의 대학 연합회에 소속된 학교의 교수들을 대상으로 한 강의 형식으로 작성했다. 그들이 지지와 비평을 해 준 데 대해 감사를 표한다. 그리고 내가 출간한 책이 대개 그렇듯 캘빈 칼리지 철학부 동료들이 해 준 제안과 비평에 나는 많은 빚을 지고 있다.

N. P. W.

I

신앙과 이론

1. 통제 믿음의 역사적 사례

1616년 2월 19일, 로마의 검사성성(檢邪聖省, Holy Office)은 다음 두 명제에 대해 신학 전문가들의 평가를 요청했다.

1. 태양은 세상의 중심이며 따라서 위치 운동을 할 수 없는 부동체다.
2. 땅은 세상의 중심도 부동체도 아니며, 자체적으로 움직이고, 또한 일 주 운동을 한다.

신학자들은 나흘 뒤인 2월 23일에 모였고, 그다음 날 그들이 심의한 결과를 발표했다. 그들은 만장일치로 결론 내리고 이렇게 공표했다. 첫 번째 명제는 "철학적으로는 어리석고 이치에 맞지 않으며, 유형상으로는 이단적이다. 문자적 의미에서나 교부들과 박사들의 일반적 해석을 따라서나 여러 구절에 나타난 성경의 가르침과 모순되기 때문이다." 두 번째 명제는 "철학적으로는 첫 번째 명제와 동일한 잘못을 범하고 있고, 신학적 진리에 관해서는 적어도 신앙상의 오류를 범하고 있다."

이후 이 문제는 (종교재판 총회[General Congregation of the Inquisition] 산하의) 금서성성(禁書聖省, Congregation of the Index)으로 이관되었다. 같은 해 3월 5일, 금서성성은 다음과 같은 결정문을 공표했다.

> 상기 위원회는 지구가 움직인다는 피타고라스학파의 교설(이 교설은 거짓이며 전적으로 성경과 반대된다)과 태양이 움직이지 않는다는 주장(이 또한 니콜라우스 코페르니쿠스가 『천구의 회전에 관하여』에서 가르쳤고, 디에고 데 수니가[Diego de Zuniga]가 욥기에 관한 책에서 가르쳤다)이 이제 널리 퍼졌고 많은 이가 받아들이고 있다는 점을 인식하게 되었다. … 따라서 이 사상이 가톨릭 신앙에 더 이상 교묘히 스며들지 않도록, 상기한 니콜라우스 코페르니쿠스의 『천구의 회전에 관하여』와 디에고 데 수니가의 『욥기에 관하여』를 이것들이 올바르게 수정되기 전까지 금서로 정한다. … 이 결정은 1616년 3월 5일 알바노 주교인 가장 탁월하고 존귀한 산타 체칠리아 추기경이 손수 서명하고 인침으로 인정된다.

교회가 자연과학 문제를 검토한 가장 유명한 예가 이렇다.[1] 위 인용문에는 전혀 언급되지 않았지만, 천체 운동에 관한 프톨레마이오스

---

1   Giorgio de Santillana, *The Crime of Galileo* (Chicago, 1955)를, 특히 V장을 보라.

의 이론에 맞서 코페르니쿠스의 이론을 옹호하여 이 모든 일을 유발한 사람은 갈릴레오다. 교회 당국은 이 이론이 철학적으로 ― 즉 학문적으로 ― 이치에 맞지 않는다고 판단 내렸다. 더 중요한 점은 (왕립 학술원 같은 것도 아닌) 교회 당국이 성경과 모순된다는 판단을 내렸고, 성경을 권위 있는 진리로 여기고 있었다는 것이다. 성경을 권위 있는 진리로 믿는 신념이 자신들이 수용하고자 했던 과학 이론을 **통제**한 것이다. 마찬가지로 성경이 말하는 바를 구체적으로 해석한 내용도 그렇게 작용하였다. 그들은 코페르니쿠스 이론이 그들의 통제 믿음(control beliefs)에 어긋났기 때문에 거부했다. 이는 과학*이 자유롭게, 방해받지 않고, 자율적으로, 이성적으로 진보하지 못하게 막은 전형적인 사례다.

좀 더 살펴보자.

이러한 심의가 있고 나서 한 세기도 지나기 전에 새로운 논쟁이 서구 세계의 물리학을 뒤흔들었다. 이제 코페르니쿠스는 받아들여졌다. 지구가 태양을 돈다는 주장이 받아들여졌고, 이는 의심할 여지가 없었다. 이제 탐구와 논쟁의 핵심은 천체와 지구의 운동과 관련된 일반적인 물리 법칙이다. 17세기 전반기에 데카르트는 사변적이고 기계론적인 논지를 제시했다. 물질은 그것과 맞닿아 있는 물질만 움직이게 할 수 있고 멀리 떨어진 물질을 움직이게 하지는 못한다는

---

* 나는 이어지는 글에서 '과학'이라는 단어를 항상 학문 분야(academic disciplines) ― 독일인들이 "Wissenschaft"라고 부르는 것 ― 를 의미하는 말로 사용할 것이다.
※ 옮긴이 주: *은 원서에서 각주 표시다. 원서에서 나머지 주는 미주다.

것이다. 물리적 우주는 공간에 드문드문 존재하며 서로 공간을 가로질러 작용하는 물질 덩어리로 되어 있지 않다. 에테르라는 묽은 수프를 떠다니는 완두콩 뭉치처럼 되어 있다. 데카르트주의자들은 이러한 견해가 중세 과학자들의 '결실 없는 사색'에서 벗어나게 해 준다고 보았다(중세 과학자들은 만물이 그 본성을 따라 안정을 추구하는데 무거운 물질은 아래를, 가벼운 물질은 위를 향하면서 각기 안정을 추구한다고 주장했다). 데카르트주의자들은 이러한 견해를 가지고 물질의 운동을 지배하는 상세한 기계론적 법칙을 발견하려고 고안한 연구 계획에 착수했다.

그 후 1687년에 뉴턴은 만유인력 이론을 담은 『프린키피아』를 출간했다. 데카르트주의자들은 뉴턴이 본질과 본성이라는 몽매한 중세적 발상을 재도입했다고 비난하면서 즉각 반발했다. 그들은 뉴턴 이론과 반대되는 증거를 부각했다. 그리고 그 반대 증거가 뉴턴 이론의 근본적 결함을 확증해 준다고 보았고, 또한 자신들의 생각과 반대되는 증거를 다룰 방법을 모색했다.[2] 이 사례는 사람들의 **철학적** 신념이 자신이 수용하고자 하는 과학 이론을 통제했음을 보여 준다. 그러나 이번에는 자기 신념이 이렇게 작용한 것이 성직자가 아니라 과학자였다. 과학자들의 통제 믿음이 그들 자신의 과학 연구를 지배한 것이다. 과학이 자유롭게, 제약 없이, 자율적으로, 이성적

---

2   데카르트주의와 뉴턴주의 간 논쟁에 관한 이야기는 예컨대 다음 책을 보라. Thomas Kuhn, *The Structure of Scientific Revolutions* (Chicago, 1962), pp. 103-104. 『과학혁명의 구조』, 김명자·홍성욱 옮김(서울: 까치글방, 2013). 17세기 과학 논쟁에서 종교적/신학적 신념이 통제 믿음으로 작용한 예로는 A. Koyre, *From the Closed World to the Infinite Universe* (Baltimore, 1957)를 보라.

으로 진보하는 것을 과학자들 스스로 방해한다는 것이 가능한가?

이번에는 두 세기 이상 도약하여 위대한 물리학자 에른스트 마흐에게로 넘어가 보자. 마흐는 자연과학자의 과제가 현실의 요소들 사이에서 단순하고도 일정한 연관성을 찾는 것이라고 생각했다(그의 의도는 이러한 요소들을 감각 가능한 것으로 간주하려는 것이었다). 그는 분명 이러한 과제 규정을 비판 가능한 존재론적 **가설**로 보았지만, 방법론적 측면에서는 사실상 이것이 그에게 시금석 역할을 했다. 왜냐하면 그가 자연과학은 감각 경험과 관련될 수 있는 개념만을 포함해야 한다는 원칙을 덧붙였기 때문이다. 당시의 원자론이나 뉴턴의 절대공간 이론은 모두 이러한 요건에 부합하지 않았기 때문에, 그는 이 이론들을 거부하고 어떻게 물리학을 감각주의적 토대 위에 재구성할 수 있을지 모색했다. 마흐의 제안이 실제 자연과학의 구조에서 너무 벗어났다는 막스 플랑크의 비난에 대해, 마흐는 과학이 교회가 되어 버렸으며 자신은 과학적이든 아니든 교회의 일원이 될 의향이 없다고 답했다. 필요하다면 그는 '과학자'라는 호칭도 포기했을 것이다. 그는 이렇게 말했다. "나에게는 사상의 자유가 더 소중하다"(Die Gedankenfreiheit ist mir Lieber).[3]

마흐의 사례에서도 또다시 철학적 신념—여기서는 다소 잠정적인 존재론적 관점이 있다—이 과학 연구를 통제하고 있다. 즉 철학

---

3 이는 Paul K. Feyerabend, "Philosophy of Science: A Subject with a Great Past," in *Minnesota Studies in the Philosophy of Science*, V (Minneapolis, 1970), p. 180.에서 논의된 내용이며 또한 여기에서 인용하였다.

적 신념은 갖가지 이론을 거부하는 결정을 내리고 연구를 정교화하기 위한 대안적인 사유 방향을 요청하면서 연구를 통제한다. 그렇다면 이제 우리는 무엇을 물어야 할까? 이렇게 여러 가지가 뒤엉킨 가운데 과학이 자유롭게, 방해받지 않고, 자율적으로, 이성적으로 진보하지 못하게 방해하고 있는 사람은 누구인가?

1920년대와 1930년대의 논리 실증주의자들은 관찰이 모든 지식의 굳건한 토대라고 주장했다. 대부분의 논리 실증주의자는 이러한 주장을 잠정적인 가설이 아니라 확정된 진리로 여겼다. 그리고 그들 모두 **현 상태의** 자연과학을 지식의 표본으로 믿는다는 점에서 마흐와 달랐다. 그들은 마흐와 같은 식으로 자연과학을 비판하고 재구성하려 했던 게 아니라, 과학의 상부 구조 전체와 그 관찰 기반이 연결되어 있음을 보이기 위한 논리 분석을 하려 했다. 그러나 그들은 실패했고, 그 실패 이야기는 여기저기서 종종 등장한다.[4] 그들은 경험주의 신념을 철저히 따르지 않았고, 자연과학에 대한 자신들의 신념이 관찰에 근거하지 않았음에도 폐기하지 않았다. 오히려 자연과학에 관한 자신들의 다짐은 지켜 나가되, 자신들의 논리 분석 방법과 경험주의 신념을 포기했다.

여기서 우리는 흥미로운 반전을 마주하게 된다. 이 실증주의자들은 자연과학의 내용이 현 상태로 매우 적절하다는 확신을 자신들의

---

4 Carl G. Hempel, "The Empiricist Criterion of Meaning"이 특히 이 이야기를 잘 다루고 있다. A. J. Ayer (ed.), *Logical Positivism* (Glencoe, Ill., 1959)에 수록되어 재출간 되었다.

철학 활동의 통제 수단으로 사용했다. 그럼으로써 특정 이론들을 거부하고 대안을 모색하게 되었다. 철학이 아니라 자연과학이 많은 부담을 떠맡는 지배자 역할을 하는 것이다. 이 실증주의자들이 보여주었던 자연과학에 대한 믿음 자체는 자연과학을 따라 도달한 믿음이 아니다. 오히려 성경의 진실성에 관한 종교재판 총회의 확신과 두드러지게 닮은 면이 있다.

2. 문제 제기

그리스도인이 학자라면 자신이 두 집단에 속해 있음을 의식한다. 하나는 그리스도교 공동체고 다른 하나는 동료 학자 공동체다. 두 공동체는 각각 고유한 구성원 자격 기준, 특유의 관행, 특유의 신념, 특유의 훈련 방식이 있다. 확실히 사람들은 아테네에서는 아테네 사람처럼, 예루살렘에서는 예루살렘 사람처럼 하면서 서로 다른 두 공동체에 속하여 단순히 살아갈 수는 있다. 하지만 그리스도인이자 학자인 사람이 삶에 일관성이 있기를 바란다면—혹은 그저 자기 이해만을 바란다고 하더라도—어떻게 내 정체성이 이 두 공동체에 동시에 속하면서 조화를 이루는지 묻지 않을 수 없다. 나는 이번 장에서 이 점을 묻고자 한다.

이 물음에 대한 나의 대답 중 일부는 이론화에 관한 이론(a theory of theorizing)의 몇몇 요소를 스케치하는 것과 관련될 것이다.[5] 이 물음의 배후에 있는 근본 쟁점은 그리스도교에 헌신하는 것이 학문 활동에서 차지하는 역할에 관한 문제다. 물론 학문 활동에는 이론의 수용과 거부 말고도 훨씬 많은 것이 있지만(따라서 그리스도인의 헌신과의 연관성에 대해 더 많은 것을 탐구해 볼 만하다) 핵심은 분명 이 문제다. 그러므로 그리스도교에 헌신하는 것의 본성에 관한 이해와 더불어 우리에게 필요한 것은 이론화에 관한 이론이다.

나는 이어질 내용에서 이론화에 관한 이론을 본격적으로 다루지 않고 그 **요소** 중 일부를 **스케치**한다는 점을 강조해야겠다. 내가 제시할 내용은 기껏해야 본격적인 이론을 낳기 위해 수행되어야 할 연구 프로그램에 관한 제안이다. 내 목표는 완제품을 내놓는 것이 아니라 발전 가능한 착수 방안을 제안하는 것이다.

나는 과거 그리스도인 학자들이 수용하도록 제안되었던 이론화에 관한 이론들을 내가 무시하고 있다는 인상을 주고 싶지 않다. 나는 내가 문명과 동떨어져 산속에서 홀로 연구하는 개척자라고 생각하지 않는다. 20세기에는 특히 헤르만 도이여베르트(Herman Dooye-weerd)가 그런 이론의 필요성을 인식했고, 그런 이론을 정립하려고 했다. 나도 이러한 노선들을 따라 다른 그리스도인들이 제안한 것을 배워 왔다. 하지만 내가 접했던 그런 이론은 모두 이론 탐구의 본성이나 그리스도인의 헌신의 본성을 오해하고 있거나 혹은 (이게 가장 흔한 방식인데) 결정적인 순간에 해야 할 면밀한 분석을 수사나 은유

---

5   내가 이론화에 관하여 이야기할 때 염두에 두고 있는 바에 관해서는 9장의 도입 부분을 보라. 그리고 이어지는 내용에서 내가 대개 그리스도인의 **믿음**(faith)보다 그리스도인의 **헌신**(commitment〔신봉〕)에 대해 말하는 이유와 관련해서는 주 34〔p. 88〕를 보라.

로 대신하고 있다. 예를 들어, 이론을 탐구하는 사람은 모두 '일련의
전제'와 '실재에 대한 관점'을 가지고 와서 한다고 흔히들 말한다. 아
마 맞는 말일 것이다. 그러나 이렇게 말한다고 해서 문제를 해결한
것이 아니다. 기껏해야 문제를 제기한 것에 불과하다.

3. 근본적으로 조화시키기

논리 실증주의자들은 과학에 충성을 맹세했다. 이상하게도 현대의 수많은 그리스도교 사상가들이 미묘한 방식으로 똑같은 일을 한다.

종교재판소가 코페르니쿠스에게 최종적으로 패배한 이후, 신학자들과 일반 그리스도인들은 자신들의 입장을 양보하고 철회해야 한다는 압박을 계속 받아 왔다. 이러한 압박은 지동설의 맹공격에 직면하면서 시작되었고, 그런 다음 진화론의 공격에 압박받았다. 그리고 성경의 기원에 관한 본문 비평 이론들의 공격에 압박받았다.

20세기의 수많은 그리스도교 사상가들은 이러한 저항과 후퇴의 패턴이 잘못이라고 확신하면서, 그리스도교의 진정한 헌신이 무엇인지 해석하여 그것과 과학의 관계를 해석하는 것을 목표로 삼았다. 원리상으로는 헌신과 과학 사이의 충돌이 있을 수 없다고 하면서 말이다. 과학은 우리에게 경험적 사실에 관하여 말해 준다. 진정한 헌신은 경험적 사실이 아닌 **다른 것**과 관련된다. 따라서 과학은 헌신에 어떻게도 방어 태세를 취할 수 없다. 공격할 수 없는 곳에는 방어도 필요 없다. 같은 이유로 헌신은 과학에 어떻게도 방어 태세를 취할 수 없다. 그리스도인의 헌신은 과학에 대한 **비판**을 낳을 수 없다.

이러한 접근 방식의 기저에는 과학에 대한 순응주의(conformism)가 근본적으로 깔려 있다. 과학은—적어도 그리스도인의 진정한 헌신의 관점에서 보면—지금 이대로도 옳고 앞으로도 옳을 것이다. 이런 식으로 현대 그리스도교 사상가들은 논리 실증주의자들과 겉은 다르지만 속으로는 형제다.

우리의 주목적을 위해 채택한 지배적인 전략들까지 살피면 오히려 주목적이 전도될 것 같다. 하지만 나는 요점이 어떤 느낌인지 전달하기 위해서 이러한 노선에서 가장 잘 알려진 시도 중 하나를 설명하고자 한다. 그것은 R. M. 헤어(Hare)의 이론으로, 헤어 자신이 **블릭**이라고 부르는 것에 관한 이론이다.

헤어는 앤터니 플루(Anthony Flew)의 강연에 답하면서 자신의 이론을 정립했다. 플루의 강연은 사람들이 종교적 신념을 수호하는 방식을 자세히 살펴보면 그들이 자신의 종교적 신념을 그 무엇과도 양립 가능하게 다루고 있다는 점을 관찰하게 된다는 주장이다. 다시 말해, 그들의 종교적 신념은 반박될 수 없다. 그리고 종교적 신념은 반박될 수 없으므로 진정한 주장이 아니다. 즉 현실과 관련해서는 어떤 주장도 하지 않은 것이다.

플루의 강연 이후로 철학자들과 역사가들은, 어떤 과학 이론을 진리로 확신하는 과학자들은 플루가 종교인들에 관해 말한 것과 정확히 같은 식으로 행동한다고 말하곤 한다.[6] 따라서 플루의 논증이 맞다면, 그러한 과학자들 또한 어떤 주장도 하지 않은 것이라고 결론을 내릴 수 있다. 그렇다면 인간이 무언가를 주장하는 것은 도대체 언제인지 묻게 된다 — 확신이 없을 때에만 무언가를 주장한다는 말인가?

그러나 헤어는 다른 식으로 응답했다. 종교적 헌신은 어떤 명제가 참임을 주장하는 것과 무관하며 자신의 헌신을 표현하는 것은 무언가를 주장하는 것이 아니라는 플루의 결론에 대해, 헤어는 다투지 않겠다(*nolo contendere*)는 답변을 했다. 헤어는 이 점에 대한 플루의 논증이 결정적이라고 여김으로써 사실의 영역과 사실에 대한 주장의 영역 전체를 과학자에게 넘겼다. 반면에 종교적 헌신은 세계에 관한 독특한 **블릭**(blik)을 갖는 것으로 되어 있다고 여겼다.

헤어는 **블릭**이라는 말을 좀 더 명확하게 하려고 다음과 같이 설명한다.

어떤 정신 이상자는 모든 교수가 자기를 죽이고 싶어 한다고 확신한다. 그의 친구들은 자신들이 아는 한 가장 온화하고 존경할 만한 모든 교수를 그에게 소개한다. 교수와 만난 후 교수가 떠나면 친구들은 말한다. "봤지? 그 사람은 너를 전혀 죽이고 싶어 하지 않잖아. 너

---

6 예를 들어 쿤의 『과학혁명의 구조』가 전반적으로 그렇다. 또한 다음을 보라. "Falsification and the Methodology of Scientific Research Programs," in Lakatos and Musgrave (eds.), *Criticism and the Growth of Knowledge* (Cambridge, 1970).

한테 진심으로 따듯하게 말했잖아. 이제 아니란 걸 알겠지?" 하지만 그 정신 이상자는 이렇게 답한다. "그래, 그런데 그런 태도는 악마의 교활함일 뿐이야. 사실 그는 내내 나에 대한 음모를 꾸미고 있었어. 다른 교수들과 마찬가지로 말야. 내가 그걸 아니까 너희에게 말하는 거야." 아무리 친절한 교수를 많이 소개하더라도 그의 반응은 여전히 똑같다.

이제 우리는 이런 사람을 보면 망상에 사로잡혔다고 말한다. 그런데 그는 무엇에 관한 망상에 빠져 있는가? 어떤 주장의 참 거짓에 관한 망상인가? 플루의 생각을 가져와서 테스트해 보자. 교수들의 행동 중 정신 이상자가 자신의 이론을 뒤집는다고 여길 만한 행동은 없었다. 따라서 이 테스트에서 그의 이론은 아무것도 주장하는 바가 없다. 하지만 그가 교수들에 관해 생각하는 바와 우리 대부분이 생각하는 바에 차이가 없는 것은 아니다—만일 차이가 없다면, 우리는 그의 정신에 이상이 있으며 우리는 제정신이라고 해서는 안 되며, 교수들은 옥스퍼드에 그가 있다고 해서 불편해할 이유가 없다.

우리가 이 정신 이상자와 다른 점을 우리 각자의 **블릭**이라고 부르자. 교수들에 관하여 그는 망상 **블릭**이 있고, 우리는 정상 **블릭**이 있다. 우리에게 아무 **블릭**이 없는 게 아니라 정상 **블릭**이 있다는 점을 깨닫는 것이 중요하다. 왜냐하면 모든 논증에는 양면이 있어야 하기 때문이다—만일 그에게 틀린 블릭이 있다면, 교수들에 관하여 옳게 생각하는 사람들은 옳은 블릭을 지니고 있다.

세계와 우리의 모든 교류(commerce)가 세계에 관한 우리의 **블릭**에 의존한다고 가르친 사람은 흄이다. 세계에 관한 **블릭들** 사이의 차이는 세계에서 일어나는 일을 관찰함으로써 해결될 수 없다. 흄은 세계에 관한 평범한 사람의 블릭을 의심해 보는 흥미로운 실험을 수행하고, 우리가 이 **블릭**이 아니라 저 **블릭**을 채택하게끔 만드는 증거가 주어질 수 없음을 보인 다음, 이 문제에 대한 관심을 거두기 위해 주사위 놀이로 돌아갔다.[7]

만일 헤어가 **블릭** 이론을 실제 그리스도인의 헌신과 관련시킬 의도였다면, 헤어는 분명 틀렸다. 사람들은 때때로 자신의 그리스도교적 헌신을 포기하기도 한다. 보통 자신의 그리스도교적 헌신이 다른 원천을 통해 믿게 된 것과 충돌하기 때문에 그렇게 한다. 흔히 우리 문화에서 그 다른 원천은 과학의 발전이다. 한 사람의 그리스도교적 헌신은 과학과 충돌할 위험이 끊임없이 있고, 자신의 과학 지식은 그리스도교적 헌신과 충돌할 위험이 끊임없이 있다. 우리는 그러한 충돌이 나타날 때, 어떻게 수정이 발생하는지, 그리고 왜 발생하는지를 탐구해야 한다. 그러한 충돌이 나타나지 않기 때문에 수정 또한 발생하지 않는다는 주장은 완전히 거짓이다.

---

7   R. M. Hare, "Theology and Falsification," in Flew and MacIntyre (eds.), *New Essays in Philosophical Theology* (London, 1955), pp. 100-101. 동일한 일반적 전략에 관한 또 다른 고전적인 예로는 다음을 보라. R. B. Braithwaite, "An Empiricist's View of the Nature of Religious Belief," in I. T. Ramsey (ed.), *Christian Ethics and Contemporary Philosophy* (London, 1966). 철학자보다 신학자가 수행한 동일한 전략의 예로는 다음을 보라. Paul van Buren, *The Secular Meaning of the Gospel* (New York, 1963).

아마도 헤어는 사태가 어떻게 진행되고 있는지가 아니라, 어떻게 진행되어야 하는지에 관해 논하는 중인 듯하다. 헤어는 그리스도인 들이 그런 충돌이 발생하지 않을 수 있는 방식으로 자신들의 헌신을 수정하도록 암묵적으로 권고하는 것 같다. 만일 그렇다면 그는 고전적인 전략을 취한 것이다. 즉 그리스도교의 헌신과 과학을 조화 시키려는 노력이다. 이 경우 그는 원칙상 과학과 헌신의 충돌이 일어날 수 없도록 헌신을 수정하는 근본적인 방책을 권함으로써 조화 를 이루려고 하고 있다. 그리스도인의 헌신이 그렇게 수정**될 수** 있 는지 혹은 그렇게 수정**되어야** 하는지는 나중에 다룰 문제다. 여기서 지적하고자 하는 바는 헤어의 제안이 과학과 헌신의 관계에서 헌신 을 과학에 근본적으로 맞추는 순응주의에 이른다는 점이다.

4. 토대론

서구 세계에서 이론화에 관한 고전적인 이론은 **토대론**(foundationalism)이다. 간단히 말해서 토대론에 따르면 과학적 노력의 목표는 모든 선입견, 편향, 정당하지 않은 추측이 제거된 이론 체계를 형성하는 것이다. 이를 달성하기 위해서는 확실성이라는 확고한 토대에서 시작하여 우리가 다 같이 확신하는 신뢰성을 지닌 방법으로 그 토대 위에 이론의 집을 건설해야 한다.

서구인들은 간결하고 근사한 이 이론에 늘 매력을 느껴 왔다. 이 이론은 약간 더 정확하게 설명될 필요가 있다. 토대론의 근본 물음은 이렇다. 한 이론을 받아들이는 것은 어떤 상황에서 우리에게 보증되는가(warranted)? 그리고 이론을 받아들이지 않는 것은 어떤 상황에서인가? 이와 같이 토대론의 핵심은 이론의 수용 및 거부가 보증되는 규칙이다. 이 규칙을 다음과 같은 식으로 진술할 수도 있다.

만일 누군가 어떤 시간에 어떤 이론이 진정한 과학(scientia)에 속한다고 믿는 것이 보증된다면, 오직 그러한 경우에 한하여 그 사람이 그때 그 이론을 받아들인 것이 보증된다.[8]

여기서 제시한 규칙을 이해하기 위해서 우리는 어떤 이론이 진정한 과학에 속한다는 말이 무슨 의미인지 이해해야 한다. 이에 관한 토대론적 생각은 다음과 같은 식이다.

어떤 이론이 어떤 토대 명제에 의해 정당화되고 누군가 그 이론이 이렇게 정당화된다는 점을 확실하게 알 수 있다면, 오직 그러한 경우에 한하여 그 이론은 **진정한 과학에 속한다.**[9]

---

8   다른 형식으로 진술한다면 다음과 같을 것이다. **만일 어떤 시간에 어떤 이론이 진정한 과학에 속한다면, 오직 그러한 경우에 한하여 어떤 사람이 그때 그 이론을 받아들인 것이 보증된다.** 그러나 이 진술은 표면상 불충분해 보인다. 이 견해에 따르면, 혹자가 어떤 이론이 진정한 과학에 속한다고 추측했고 [우연히] 그 추측이 정확히 맞았다면 그 사람이 그 이론을 받아들이는 것이 보증되기 때문이다.

9   '진정한 과학 이론'을 이렇게 이해하면 과학 이론은 성장하거나 확장되지 않는다. 이러한 과학 이론은 확고하고 정적이다. 성장하는 것은 진정한 과학에 속한 것에 관한 인간의 지식뿐이다. 어쩌면 이를 **플라톤적** 과학 개념이라고 부를 수도 있을 것이다. '진정한 과학 이론'에 관하여 이를 대체할 만한 방식은 다음과 같다. T라는 이론이 어떤 토대 명제에 의해 정당화되고, 어떤 사람이 t라는 시점에 혹은 그 이전에 T가 그렇게 정당화된다는 점을 확실하게 안다면, 오직 그러한 경우에 한하여 T는 t시점에 진정한 과학에 속한다. ('토대'의 정의 또한 본문에 나와 있는 것에서 적절하게 수정되어야 한다.) 이를 **점진적** 과학 개념이라고 부를 수 있을 것이다. '진정한 과학 이론'을 이런 식으로 이해하면, 어떤 이론이 한 시점에서는 진정한 과학에 속하지 않다가 나중에 언젠가 속하게 될 수도 있다. 내가 아는 한, 토대론 전통에서는 플라톤적 과학과 점진적 과학의 이러한 차이가 명확하게 나타나지 않았다. 그래서 어떤 식의 과학 개

그다음 순서는 토대 명제에 관한 설명이다.

어떤 명제가 참이고 누군가 그 명제가 참이라는 점을 비추론적으로
확실하게 알 수 있다면, 오직 그러한 경우에 한하여 그 명제는 **토대
명제**다.[10]

진정한 과학의 '논리'에 관한 이러한 견해를 설명해 주는 다음의
도식이 아마 도움이 될 것 같다.

넘이 지배적이었다고 말하기는 불가능할 것이다. 나는 플라톤적 과학 개념을 가지고
본문을 썼는데, 그 이유는 단지 그렇게 하면 설명이 훨씬 쉽기 때문이다.

10 나는 본문에서 토대 명제들을 가장 확실하게 알 수 있는 것으로 상정하고 있다―대
부분의 토대론자가 실제로 이러한 견해를 가지고 있다. 하지만 다른 가능성들도 있
다. 그것들은 확실성 개념과 매우 유사하지만 동일하지는 않은 어떤 개념과 연결되어
있다. 예를 들면 이렇게 말할 수 있을 것이다. **만일 어떤 주어진 사람이 어떤 명제를
믿는데, 명제를 믿음에 있어 그 명제보다 더 보장되는 다른 명제가 없다면, 오직 그러
한 경우에 한하여 그 사람에게 그 명제는 토대 명제다.** 우리는 '확실성' 자체가 몇 가
지 (유사하지만) 다른 개념에 붙어 있는 말임을 곧 알게 될 것이고, 이 문제는 더 복
잡해질 것이다.
  본문에서 발견되는 또 다른 토대 명제 개념은 다음과 같다. **만일 어떤 명제가 참이
고 또한 적절한 상황에서 그 명제를 생각한 모든 사람이 그 명제가 참임을 비추론적
으로 확실하게 안다면, 오직 그러한 경우에 한하여 그 명제는 토대 명제다.** 아마 이것
은 일부 토대론자들이 사용하는 개념일 것이다. 그러나 토대론적 시각은 기본적으로
명제가 진정한 과학 이론이 되려면 어떤 확실성과 관련하여 정당화되어야 한다는 점
이다. 이러한 시각에서는 확실한 토대 명제들이 참이면서 동시에 누군가 그것들이 참
임을 확실하게 알 수 있으면 꽤 충분해 보인다. 확실한 토대 명제들이 전부 **누구나** 적
절한 상황에서 그 명제들을 생각할 때 그것들이 참임을 확실하게 알 수 있는 것이어
야 한다는 요건은 상당히 부적절해 보인다.

요약하면, 토대론자는 비추론적으로 알 수 있는 확실한 것들로 이루어진 토대 위에 진정한 과학의 집이 단단히 세워진다고 본다. 토대론자는 어떤 주어진 이론이 진정한 과학에 속한다는(혹은 속하지 않는다는) 우리의 보증된 믿음에 전적으로 근거하여 우리가 그 이론을 받아들이도록(혹은 거부하도록) 촉구한다. 우리는 이론을 수용할지 여부를 이렇게 통제할 때만, 이론화의 과제에서 선입견, 편향, 정당하지 않은 추측을 제거하는 길로 나아갈 수 있다.

토대론은 서구에서 중세 성기 이래로 이론들에 관한 지배적인 이론이었다. 토대론은 아리스토텔레스에게까지 거슬러 올라갈 수 있다. 그리고 중세 이래로 토대론을 정교하게 다듬고 옹호하는 데 전념해 온 철학적 사유의 양은 방대하다. 토대론은 그리스도인들에게나 비그리스도인들에게나 지배적인 전통이었다. 그리스도교에 대한, 그리스도교적 학문의 가능성에 대한 공격은 토대론을 전제로 해왔다. 또한 그리스도교에 대한, 그리고 그리스도교적 학문의 가능성에 대한 방어도 토대론을 전제로 해 왔다. 아퀴나스, 데카르트, 라이프니츠, 버클리, 논리 실증주의자들─이들 모두를 비롯하여 수많은 이들이 토대론자다.

아퀴나스는 고전적인 형태의 토대론을 제시한다. 그는 자연적 이성의 빛으로 알 수 있는 명제가 다수 있다고 말했다─즉 현재 이 땅에서 우리에게 자명해질 수 있는 명제들이다. 적절하게 수행된 과학적 탐구는 이러한 자명한 명제들로부터 신뢰할 만한 추론(증명)을 통해 도출된 다른 명제들로 구성된다. 그리고 하나님이 우리에게 계시하시고 우리가 받아들여야 하는 명제들도 있다. 이 중 일부(예를 들어 하나님은 존재한다는 명제)는 자연적 이성의 빛으로 알 수 있는 명제로부터 추론할 수 있다. 그러나 대부분의 계시된 명제는 이렇게 추론되는 명제가 아니며 우리에게 자명해질 수도 없다. 요컨대 알 수 있는 명제가 아니라,[11] 우리가 계시자에 대한 신빙성에 근거하여 그저 믿어야 하는 것이다. 그러므로 신앙이 진리에 대한 우리의 이해를 더해 주기는 하지만, 그것은 우리가 진리를 **아는** 이해가 아니라

11 그러나 아퀴나스는 그런 명제들이 하나님과 복자(the blessed)에게 알려졌으며, 그들에게 자명하거나 자명한 것으로부터 입증하여 알 수 있는 것이라고 명백히 주장했다. 이러한 생각은 신학 또한 과학이라는 그의 주장과 연결된다. 이 신학자는 계시된 명제에서 시작하여 증명을 구성해 나간다. 계시된 명제 중 상당수가 그에게 자명한 것이 아니었다. 그러나 그 명제들이 복자에게 알려진다는 믿음은 아퀴나스에게 보증된다 (왜냐하면 성경과 교회를 믿는 믿음이 그에게 보증되기 때문이다). 그래서 그가 그 명제들이 진정한 과학에 속한다고 믿는 것도 보증된다. 따라서 본문에서 내가 적절하게 수행된 과학 탐구에 관한 아퀴나스의 견해에 관하여 말할 때 내가 말한 바는 곧이곧대로 신학이라는 학문에 적용되지 않는다. 다른 모든 비신학적 학문에 적용되는 말이다. 신학은 특수한 학문이기에 그렇다. 다음을 보라. *Summa theologica* I, i, 2.

오로지 우리가 진리를 **믿는** 이해다. **알** 수는 없고 믿을 수만 있는 명제는 과학에서 이론을 평가하는 데 아무런 영향력이 없고 아무런 관계도 없다. 따라서 아퀴나스의 견해는 **상보주의**적 견해(comple-mentarist view)라고 부를 수 있다. 신앙은 이성을 보충한다.

아퀴나스는 불신앙이 인간이 실제로 알게 될 것에 큰 영향을 미친다고 말한다. 왜냐하면 불신앙은 인간을 게으르고 조급하며 진리에 무관심하게 만드는 쪽으로 가기 쉽기 때문이다. 하지만 신앙이 있는 사람이 알 **수 있는** 것은 원리적으로 볼 때 신앙이 없는 이도 알 수 있다. 신앙인과 불신자는 필연적으로 서로 다른 것을 **믿을** 것이며, 아마 십중팔구 서로 다른 것을 **알게** 될 것이다. 그러나 후자는 필연적인 것은 아닌데, 왜냐하면 불신자가 게으르고 조급하며 무관심해야 하는 것은 아니기 때문이다. 불신앙은 인간이 지상에서 알 수 있는 것을 아는 데 장애물이지만, 그렇다고 극복 못할 장애물은 아니기 때문이다.

신앙과 이성의 관계에 관한 두 번째 고전적 견해는 **전조건주의**적 견해(preconditionalist view)로 불리 수 있다. 신앙은 학문에서 완전히 포괄적이고 정합적이고 일관되고 참된 이론 체계에 도달하기 위한 조건으로 간주된다. 이러한 견해는 아우구스티누스의 "크레도 우트 인텔리감"(*credo ut intelligam*), 즉 "나는 이해하기 위해 믿는다"는 말에 내포되어 있다. 나는 이것이 또한 장 칼뱅의 견해라고 생각한다.[12]

---

12   예를 들어 칼뱅의 『기독교 강요』에 있는 다음 구절을 생각해 보자.

이런 이유로 나는 아담이 의의 원천을 버린 이후 영혼의 모든 부분이 죄에 점령 당했다고 말하는 것이다. 저급한 욕구가 그를 유혹했을 뿐만 아니라, 형언할 수 없는 경건치 않음이 생각의 요새를 점령했으며, 교만이 그 마음 깊은 곳까지 침투했다. 따라서 거기서 생기는 부패를 감각의 충동으로 불리는 것에만 국한하는 것은 무의미하고 어리석은 일이다. 또는 '관능'이라고 부르는 부분만을 죄로 끌고 가는 "불쏘시개"로 부르는 것도 마찬가지다.

로마서 3장 전체가 다름 아닌 원죄에 관한 설명이다(1-20절). '새롭게 하심'에 서 그 사실이 더 분명하게 나타난다. 왜냐하면 옛사람 및 육신을 대적하는 분인 성령은 저급하거나 감각적인 부분을 바로잡는 은혜를 나타낼 뿐만 아니라 모든 부분에 대한 완전한 재형성을 아우르시기 때문이다. 따라서 바울은 관능적인 욕구를 없애라고 명령할 뿐만 아니라 "너희의 심령이 새롭게" 되라고 명령한다(엡 4:23). 다른 구절에서도 유사하게 "마음을 새롭게 함으로 변화를" 받으라고 촉구한다(롬 12:2). 따라서 영혼에서 가장 탁월하고 고귀하게 빛나는 부분까지도 상처를 입었을 뿐만 아니라 너무 부패했기에 고침받아야 하고 새로운 본성을 입어야 한다는 결론이 도출된다. 이제 곧 우리는 죄가 생각과 마음을 얼마나 점령하고 있는지 보게 될 것이다. 여기서 나는 그저, 머리부터 발끝까지 ― 대홍수가 일어난 것처럼 ― 인간의 모든 부분이 제압당하여 어떤 부분도 죄에 면역되어 있지 않다는 점과 인간에게서 나오는 모든 것이 죄로 인한 것이라는 점을 간략히 제시하고자 한다. 바울이 말했듯이 육신을 향한 생각은 모두 하나님과 원수가 되며(롬 8:7), 따라서 사망이다(롬 8:6)(II.i.9).

우리가 인간의 영혼을 지성과 의지로 나누었던 원래의 순서대로 논의를 진행하기 위해 먼저 지성의 능력을 검토해 보자. 인간의 지성이 영구적으로 분별력을 잃어 아무 대상도 인식하지 못한다고 우리가 우리의 지성을 정죄한다면, 하나님의 말씀에 어긋날 뿐만 아니라 상식적 경험과도 반대된다. 왜냐하면 인간이 진리를 맛본 적이 없다면 진리를 전혀 열망하지도 않았을 텐데 우리는 진리를 찾으려는 욕망 같은 것이 인간의 본성에 심겨 있음을 보기 때문이다. 인간의 지성은 본성상 진리에 대한 사랑에 사로잡혀 있기 때문에 어느 정도 지각 능력이 있다. 짐승에게는 이러한 자질이 없다는 점은 짐승의 본성이 무지하고 비이성적임을 증명한다. 하지만 진리에 대한 이러한 수준의 갈망은 금세 허무에 빠지기 때문에 힘을 발휘하기도 전에 시들해진다. 참으로 인간의 마음은 그 우둔함으로 인해 바른길을 가지 못하고 어둠 속을 더듬듯 여러 실수와 오류 가운데서 계속 방황하다가 바른길에서 멀어지고 마침내 사라진다. 이같이 인간의 마음은 자신이 진리를 추구하고 발견할 능력이 얼마나 없는지를 드러낸다(II.ii.12; cf. II.ii.12-14, 18, 20).

16세기와 17세기에는 죄가 인간의 본성에 미치는 영향에 관하여 토마스주의자들과 칼뱅주의자들 간의 격렬하고 종종 험악한 논쟁이 있었다. 칼뱅주의자들은 죄가 이성을 비롯하여 인간의 **모든** 능력에 영향을 미쳤기 때문에 우리가 "전적으로 타락했 전조건주의는 토대론 노선을 따라 전개될 필요는 없지만, 만일 그렇게 전개된다면 다음과 같이 제안될 것이다. 어떤 명제들은 신앙이 있으면 파악할 수 있었을 텐데, 신앙이 없으면 그 명제들을 파악하는 게 막힌다. 실제로 그 명제들이 이런 식으로 파악될 수 있다는 점을 정당하게(warrantably) 믿는 것도 막힌다. 주목해야 할 점은, 이러한 노선을 따라 사유하는 전조건주의자는 신앙이 없는 사람이 어느 것 하나도 확실하게 파악할 수 **없는** 일련의 명제들이 있다고 주장할 필요가 없다. 그는 파악이 막히는 것이 불신자 저마다의 불신앙의 성격에 따라 다르다고 볼 수도 있다.

이렇게 토대론 노선을 따라 전조건주의를 전개할 때 발생하는 큰 어려움은 **왜** 불신앙이 이론 작업에 이런 영향을 미치는지를 설명하는 것이다. 안셀무스가 말했듯이(『프로슬로기온』 1장에서), 우리가 알 수 있었던 것을 "악행의 연기"가 알지 못하게 막고 심지어 그것을 알 수 있었다는 점을 정당하게 믿는 것까지도 막는 이유는 무엇일까? 아우구스티누스는 **절대화**하는 현상이 단서라고 지적한다. 불신자는 하나님을 절대자로 여기는 대신 다른 무언가를 절대화한다는 것이

다"라고 주장했다. 토마스주의자들은 죄가 인간의 이성에 **그 정도로** 영향을 미치지는 않았다고 주장했다. 우리의 **자연적** 능력에 영향을 미치지 않았기 때문이다.

20세기에 사는 우리는 그 논쟁이 정확히 무엇에 관한 것이었는지 꼬집어 말하기 매우 어렵다. 어쨌든 칼뱅은 우리가 죄 없을 때보다 죄 있는 상태에서 본래 더 멍청하다고 주장하지도 않았고, 우리가 신앙 안에서 죄로부터 해방되자 우리의 IQ가 더 높아진다고 주장하지도 않았다. 토마스 역시 우리가 알게 될 것에 죄가 영향을 미치지 않는다고 주장하지 않았다. 나는 그 논쟁이 대체로 전조건주의에 관한 (다소 혼동이 있었던) 논쟁이었다고 생각한다. 나는 전조건주의를 옹호하는 칼뱅주의자들이 토마스주의자들의 토대론에도 반대했을지가 별로 분명치 않다고 생각한다.

다. 불신자는 창조주보다 피조물을 더 사랑하는데, 이것이 그가 파악할 수 있었던 명제 중 일부를 확실하게 파악하지 못하도록 막는다. 그러나 아우구스티누스는 절대화가 어떻게 이런 효과를 내는지 정확하게 설명하지 않는다.

신앙과 이성의 관계를 설명하고자 시도하는 사람이 토대론을 전유하는 세 번째 방식이 있다. 특히 개신교 사상에서는 토대적인 확실한 내용 가운데서 신앙의 교리적 내용 전체가 발견된다고 제안된 바 있다. 왜냐하면 토대적인 확실한 내용이 바로 성경이 가르치는 바로 이루어져 있으며, 성경은 오류가 없기 때문이다. 이는 **포함주의**적 견해(incorporationist view)라고 불릴 수 있는데, 왜냐하면 신앙의 내용이 토대 안에 포함되어 있기 때문이다.

분명 이러한 입장—상보주의, (토대론적) 전조건주의, 포함주의—은 각각 발전되어야 할 개념과 다루어져야 할 문제가 가득하다. 그러나 이들 각각은 토대주의가 참임을 가정하고 있다. 인식론이나 과학철학 종사자들이 볼 때 토대론은 지난 25년간 치명적인 타격을 입었다. 이러한 철학의 역사를 아는 많은 사람이 이제 토대론은 거의 끝났다고 본다. 내 생각에도 그렇다.

물론 누군가 대단한 상상력을 발휘하여 토대론이 되살아날 가능성은 언제나 열려 있다. 하지만 나는 그럴 가능성이 매우 희박하다고 본다. 그래서 나는 이제부터 이론화에 관한 비토대론적 이론을 구축해야 한다고 생각한다. 5장과 6장에서 나는 토대론의 주요 난점을 간략히 기술할 것이다. 왜냐하면 토대론이 무너지고 있다는 **점**

과 그 **이유**를 명확하게 알지 않으면, 토대론이 우리의 사유에 부과하는 패턴에서 벗어날 수 없기 때문이다.

토대론의 종말은 그리스도인들이 받아들일 수 있는 이론화에 관한 이론을 구축하는 데 분명히 중요하다. 덜 분명하긴 하지만 토대론의 종말은 일반적으로 그리스도교 학문의 대의명분에도 중요하다. 이론화에 관한 이론을 순전히 이론화에 관한 기술(記述)로 취급하는 것은 별개의 일이며, 따라서 이를 수용하거나 거부하는 것은 다른 이론적 작업과 완전히 무관한 것이다. 그러나 토대론은 이론화가 어떻게 수행**되어야** 하는지에 관한 테제다. 토대론은 **규범적** 이론이다. 그리고 나는 자신을 토대론자로 공언한 사람 중 그 누구도 자기가 찬성한 그 규범을 따른 적이 없다고 주장하겠지만, 그렇더라도 아직까지 전반적으로 서구 학자들이 토대론을 수용한 것은 그들의 이론화에 지대한 영향을 미치고 있다. 그리스도인인 학자들의 경우, 토대론을 수용함으로써 이론화 작업을 할 때 계속해서 혼동하고 두려워했다. 토대론의 독침을 뽑아야 감염이 가라앉을 것이다.

5. 토대로 이론의 정당화를 설명할 때의 난점들

이미 봤듯이 토대론의 주요 원리는 다음과 같은 규범적인 규칙이다. 즉, 만일 누군가 어떤 시간에 어떤 이론이 진정한 과학에 속한다고 믿는 것이 보증된다면, 오직 그러한 경우에 한하여 그 사람이 그때 그 이론을 받아들인 것이 보증된다. 토대론자가 이론 수용에 관하여 이러한 기준을 제시할 때는 두 가지 주요 개념—**이론이 진정한 과학에 속한다**는 개념과, **이러저러한 것을 믿는 게 보증된다**는 개념—을 사용한다.

우리는 모두 이러저러한 것을 믿는 게 보증된다는 개념을 이해한다. 이는 우리가 토대론자의 테제를 이해할 수 있도록 토대론자가 어떻게든 설명해야만 하는 개념이 아니며, 우리가 이 개념에 대한 설명을 토대론자에게 요구하는 것도 정당하지 않을 것이다.

그렇다면 우리가 토대론자에게 이러저러한 것을 믿는 것이 보증될 때와 그렇지 않을 때를 결정하는 **일반적 기준**을 요구하는 것은 정당할까? 나는 그렇지 않다고 본다. 첫째, 보증된 믿음에 관한 만족할 만한 일반적 기준을 갖지 못한 사람도 이러저러한 것을 믿는 것이 보증될 수 있다(그리고 보증된다는 것을 알 수 있다). 나는 내가 달까지 뛰어오르지 못한다는 것을 믿고, 이렇게 믿는 것은 확실히 보증된다. 하지만 나에게는 보증된 믿음에 관한 일반적 기준이 없다. 그래서 토대론자의 기준에 관한 다른 모든 것이 만족스럽다면, 토대론자가 보증된 믿음에 관한 일반적 기준을 제시하지 않더라도 그것을 받아들이고 사용할 수 있다.

둘째, 보증된 이론-수용에 관한 기준이 있는 사람은 누구나 보증된 믿음이라는 개념을 사용해야 할 것이다. 보증된 믿음 개념을 사용하는 사람이 보증된 믿음에 관한 만족할 만한 기준도 가지고 있다면, 토대론자는 그러한 기준을 간단히 자기 것으로 삼을 수 있을 것이다. 이와 달리 보증된 믿음에 관한 만족할 만한 기준이 없더라도 토대론자가 다른 사람들보다 더 잘못된 것은 아니다.[13]

요컨대, 이러저러한 것을 믿는 일이 보증된다는 **개념**에 대한 만족스러운 설명이나, 또는 이러저러한 것을 믿는 일이 보증되는 경우에

13　보증된 이론-수용에 관한 토대론적 원칙을 가지고 있는 것과 마찬가지로 보증된 믿음에 관한 토대론적 원칙을 갖는 것도 가능하다. 이에 관한 다양한 가능성이 있다. 첫째: 확실히 파악될 수 있는 무언가에 의해 p가 정당화됨을 믿는 것이 보증된다면, 오직 그러한 경우에만 p를 믿는 것은 보증된다. 둘째: '확실히 파악된 어떤 명제에 의해 p가 정당화된다는 점을 실제로 혹자가 파악했음'을 누군가가 믿는 것이 보증된다면, 오직 그러한 경우에만 그가 p를 믿는 것은 보증된다. 셋째: 자신이 확실하게 파악한 어떤 명제에 의해 p가 정당화된다는 점을 자신이 파악했음을 기억하고 있다면, 오직 그러한 경우에만 그가 p를 믿는 것은 보증된다.

관한 만족스러운 **기준**을 토대론자에게 요구하는 것은 정당하지 않을 것이다. 그러나 **어떤 이론이 진정한 과학에 속한다**는 개념에 대해서는 그렇게 말할 수 없다. 이 개념에는 설명이 필요하고 토대론자는 그 설명을 제시해야 한다. 토대론자가 말하는 바를 살펴보자. 그리고 토대론자가 의미하는 바를 알아낸 다음(그럴 수 있다면), 토대론자의 기준이 그럴듯한지 물어보자. 즉 어떤 이론이 진정한 과학에 속한다고 믿는 것이 보증된다면, 오직 그러한 경우에만 그 이론을 받아들이는 것이 보증되는지 물어보자.

어떤 이론이 진정한 과학에 속한다는 것에 관한 토대론의 설명에는 두 가지 주요 개념이 사용된다. 하나는 토대 명제들에 의해 이론이 **정당화된다**는 개념이고, 다른 하나는 **비추론적인 확실성을 가지고 무언가를 안다**는 개념이다. 우리는 이 두 개념을 각각 살펴보면서, 흔히 과학의 논리로 불리고 있는 것을 고찰할 것이다.

만일 어떤 이론이 진정한 과학에 속한다면 우리는 그 이론이 토대와 맺는 관계에 '정당화'라는 이름을 붙일 수 있다. 이는 정확히 어떤 식의 관계인가?

고전적 관점에서 이 관계는 **연역** 관계다. 어떤 이론을 토대로부터 연역할 수 있는 경우에 바로 그 이론은 진정한 과학에 속한 것이다. 사람들은 이 이론이 얼마나 매력적인지 알 수 있다. 연역은 항상 필연적으로 전제에서 결론으로 진리를 전달한다. 만일 우리가 확신하는 누군가의 진리라는 전제에서 출발하여 연역적 절차를 거친다면, 우리는 우리가 확신할 수 있는 결론에 항상 도달할 것이다. 이는 과학을 편견과 추측이 제거된 견고한 지식의 상태로 만들려는 토대론의 비전에 잘 부합한다. 1963년에 루돌프 카르납(Rudolf Carnap)은 자신이 1929년에 고수했던 견해를 기술하면서 그 당시 자신의 신념이 다음과 같았다고 말했다. "지식의 근저에는 … 의심할 수 없는 … 확실한 반석이 있었다. 다른 종류의 지식은 모두 이 기반에 의해 견고하게 지탱되었고, 또한 확실하게 결정될 수 있었다."[14]

오늘날에는 연역주의(deductivism)가 거의 완전히 무너졌다. 그 이유는 간단하다. 보증되는 것으로 보이는 많은 이론이 토대에서 연역할 수 없는 것들이다. 이는 토대가 관찰 가능한 물리적 대상에 관한 단칭 명제들(singular propositions)을 포함한다고 (곧 알게 되겠지만 매우 의심스러운) 가정을 하더라도 마찬가지다. 여기서 발생하는 한 가지 난점은 물리적 대상에 관한 대부분의 보편 명제들이 보증되지 않을 것이라는 점이다. '모든 백조는 날개가 있다'를 예로 들어 보자. 이 말은 어떤 토대 명제로부터 연역될 수 있을까? 가장 유망한 후보는 단칭적인 사례들이다 — '**이** 백조는 날개가 있다'와 같은 명제들이다. 그러나 백조 a는 날개가 있다, 백조 b는 날개가 있다 등의 확신을 내가 어떻게든 얻더라도, 그리고 이런 확실한 목록을 아무리 많이 얻더라도, 내가 아는 것으로부터 '**모든** 백조는 날개가 있다'를 **연역적으로** 추론할 수는 없다. 이런 결론에 도달하려면, '내가 말한 백조라는 것은 모두 저기 있는 백조들을 뜻한다'라는 전제를 덧붙여야

---

14   P. Schilpp, *The Philosophy of Rudolf Carnap* (La Salle, Ill., 1962), p. 57를 보라.

할 것이다. 그렇다면 나는 **저** 명제에 관한 확실한 지식을 어떻게 얻을 수 있는가? 다음과 같은 결론을 피할 수 없을 것 같다. '모든 백조는 날개가 있다'와 같은 아주 간단한 '이론'조차도 토대 명제에서 연역적으로 추론할 수 없다. 그럼에도 이를 받아들이는 것은 보증되지 않는가—혹은 이 이론이 아니더라도 적어도 이런 식의 다른 보편 명제들을 받아들이는 것은 보증되지 않는가?

연역주의가 지지될 수 없을 것으로 보이자 대안이 생겼다. 우리는 그것을 **개연론**(probabilism)이라 부를 수 있다. 이 관점에서는 이론이 토대와 관련해서 **개연성 있는** 경우에만 진정한 과학에 속한다. 이제 우리에게 이 대안이 확실한 것으로 보일 수도 있지만, 연역주의에서 개연론으로의 전환이 중요하다는 점을 경시하면 안 된다. 전통적인 토대론자라면 대부분 (얼마나 개연적이든 간에) 추측을 지식으로 여기기를 거부했을 것이다. 연역주의에서 개연론으로의 이동은 무엇이 진정한 과학(scientia)이 되는지에 관한 기준을 급격히 낮췄다.

게다가 개연론은 그 자체가 약화하는 난점을 지닌 것으로 판명되었다. 약한 개연론은 공격에 대한 방어력을 확보하지 못했다. 그 이유를 간단히 살펴보자. 어떤 이론이 진정한 과학에 속하려면 그 토대와 관련하여 개연적이어야 한다는 요구의 요점은 토대적 확실성으로부터의 연역 논증뿐만 아니라 귀납 논증도 허용한다는 것이다. 귀납 논증은 항상 다음과 같은 구조일 것이다.

관찰된 A 중에서 관찰된 B의 상대 빈도는 m/n이다.

그러므로 모든 A 중에서 B의 상대 빈도가 m/n이라는 것은 개연성 있다.

예를 들어,

이 주사위를 여러 번 던진 결과 중 4가 나온 빈도는 1/6이다.

그러므로 이 주사위를 던진 모든 결과 중 4가 나오는 빈도가 1/6이 되리라는 것은 개연성 있다.

이런 식의 모든 논증에 대한 근본 문제는 이렇다. 이런 식의 전제에서 이런 식의 결론을 도출하는 것은 어떻게 정당화되는가? 이러한 논증은 정당화가 필요하지 않으며, 우리는 이를 비추론적으로 확실하게, 만족스럽게 파악할 수 있다는 답변이 나올 수도 있다. 이 대답은 사실로 보이지 않는다는 문제가 있다. 18세기에 이미 데이비드 흄은 만일 자연에서 우리가 관찰한 것(증거)과 관찰하지 않은 것이 일정하지 않다면 자연은 확실히 만족할 만한 논증 양상이 아니라고 언급했다. 반면 자연이 일정하다면 자연은 만족할 만한 논증 양상이라는 것이다.

따라서 문제는 이 같은 자연의 제일성을 믿는 것이 보증되는가 하는 것이다. 여기서 토대론자에게는 두 가지 가능한 선택지가 있다. 토대론자는 우리가 추론적으로든 비추론적으로든 자연이 일정함을 확실하게 알 수 있다고 말할 수도 있다. 그러나 확실히 알 수는 없다. 확실성은 고사하고 세계에서 우리가 관찰한 부분과 관찰하지 않은 부분이 일정한지도 아무도 모른다. 다른 선택지는 증거에 기초하여 자연의 제일성이 **개연성 있는**(probably) 사실이라고 말하는 것이다. 하지만 이는 귀납 논증이다―우리가 귀납 논증을 정당화하기 위해 요청한 바로 그 원리를 다시 귀납 논증으로 정당화한 것이다. 요컨대 우리는 여전히 데이비드 흄이 처한 상황에 있다. 우리는 귀납 논증을 정당화할 방법이 없다.

토대론에 관한 한, 개연성에 의한 모든 귀납 논증이 동등하게 지지될 수 없음을 아는 것은 중요하다. 왜냐하면 만족할 만큼 확실하게 알 수도 없고 만족할 만큼 개연적으로 알 수도 없는 추론 규칙을 사용하기 때문이다. 이는 이론이 진정한 과학에 속하는 경우 토대와 이론의 관계가 무엇인지에 대해 받아들일 만한 설명을 제시하지 못했다. 첫째, 이론을 토대와 관련하여 증명할 수 있어야 하지만, 받아들일 만한 이론들은 대부분 그렇지 않다는 것이 밝혀졌다. 둘째, 이론이 토대와 관련하여 개연성 있어야 하지만, 어떤 이론도 그렇지 않다는 것이 밝혀졌다.

여기까지의 전개에서 토대론을 **논파**한 것은 아니다. 토대론으로 귀납법을 정당화하는 방법이 절대 발견될 수 없음을, 절대 개발될 수 없음을 증명한 것이 아니다. 연역주의와 개연론에 관한 만족할 만한 대안이 제안될 수 없음을 증명한 것도 아니다. 다만 여기까지 대략적으로 정리해 봄으로써 토대론이 거의 가망 없는 이론으로 보이게 했다.

이렇게 이야기가 끝난 것은 아니다. 토대론을 포기한 사람들이 전부 토대에 대한 호소를 그만둔 것은 아니다. 오히려 경험 과학을 이론화하는 것에 관한 영향력 있는 어떤 이론이 제시되었는데, 이 이론의 몇 가지 버전은 토대에 호소하고 있다. 이 이론은 **반증주의** (falsificationism)로 불린다.

이 이론을 채택한 사람들은 연역주의와 개연론의 붕괴로 인해 이론이 진정한 과학에 속하기 위한 토대론식의 필요충분조건들이 허용될 수 없다는 점을 인정한다. 그러나 이론이 진정한 과학에 속하기 위한 토대론식의 **필요**조건은 제시할 수 있다고 주장한다. 혹은 뒤집어 말하자면, 이론이 진정한 과학에 속하지 **않기** 위한 **충분**조건을 제시할 수 있다는 것이다. 이론이 토대와 **모순**된다면 그 이론은 진정한 과학에 속할 수 없다. 따라서 이 원리는 다음과 같이 제시된다.

어떤 이론이 토대와 일관적이지 않고 또한 누군가가 그 이론과 토대가 일관적이지 않다는 점을 확실히 알 수 있다면, 그 이론은 진정한 과학에 속하지 않는다.[15]

---

15 일관성 말고 다른 관계를 열거할 수 있다. 일반적인 도식은 다음과 같다. **만일 T라는 이론이 토대와 R이라는 관계가 있고 또한 누군가 T가 토대와 R관계임을 확실히 알 수 있는 경우에만 T는 진정한 과학에 속한다.** 더 정확히 말하자면 이는 플라톤적인 과학 개념에 어울리는 도식이다. 점진적인 개념에 어울리는 도식은 다음과 같을 것이다. **만일 T라는 이론이 토대와 R이라는 관계가 있고 또한 누군가 t시점에 혹은 그전에 T가 토대와 R관계임을 확실히 알 수 있는 경우에만 T는 t시점에 진정한 과학에 속한다.** 이 모든 것은 필요조건으로 처리하든 **또는** 충분조건으로 처리하든, 어떤 이론

우리에게 이론이 진정한 과학에 속하지 **않을** 충분조건만 있다면, 우리는 당연히 보증된 이론 수용에 관한 **기준**(필요충분조건)을 제시할 수 없다. 하지만 그러한 수용에 관한 필요조건은 제시할 수 있다. 또는 이를 다른 측면에서도 보기 위해, 우리는 이론 **거부**를 보증하는 것에 관한 **충분**조건을 제시할 수 있다.

> 어떤 사람이 어떤 시간에 어떤 이론이 진정한 과학에 속하지 않는다고 믿는 것이 보증된다면, 그 사람이 그때 그 이론을 거부하는 것은 보증된다.

때때로 **반증주의**로 불리는 이것은 이렇게 이론 거부가 보증되는 것에 관한 규칙이다.[16]

반증주의를 경험 과학의 규범적 규칙으로 옹호하기 위해, 경험 과학에서 책임 있는 이론가들이 실제로 이 규칙을 따른다고 주장할 수도 있다. 이런 이론가들은 자기 이론에 대한 확증을 찾지 않는다. 어떤 이론이 **정당화된다**는 것을 보여 주려 하지 않는다. 그 대신 반

이 진정한 과학에 속하기 위한 **약화된** 조건이다 ― 약화된 토대론적 조건이다.

만일 이런 식으로 된 이러저러한 공식에 이론들의 비토대론적인 특성을 추가함으로써 이론이 진정한 과학에 속하기 위한 필요충분조건을 얻을 수 있다면, 우리는 이론 수용에 관한 온전한 기준을 얻을 수 있다. 하지만 그렇게 얻은 것은 반쪽짜리-토대론적 기준일 뿐이다.

16 보증된 이론 수용에 관한 필요충분조건을 찾는 노력을 느슨하게 하고 이런저런 필요조건만으로, 또는 충분조건만으로 만족한다면, 분명 약화된 토대론이 여러 형태로 있게 될 것이다. 반증주의는 그중 하나다.

론을 찾는다. 그들은 이론의 다양한 귀결을 추론하고, 그런 다음 그 귀결들을 시험한다. 만일 시험에서 그 귀결들이 사실로 알려진 것과 일치하지 않는다면, 그 이론을 거부한다. 헤르만 베일(Herman Weyl) 은 이렇게 말한다. "나는 견고한 자연에서 **설명 가능한 사실들**을 도 출하려고 노력하는 그 실험자의 작업에 대해 한없는 찬사를 기록하고 싶다. 그는 우리의 이론에 대해 단호하게 'No'로—혹은 들리지 않는 'Yes'로—반응하는 방식을 잘 알고 있다."[17]

그러나 반증주의도 난점이 없는 것은 아니다. 가장 중요한 난점은 이론을 거부하라고 지시하는 경우가 거의 없다는 것이다. 왜냐하면 토대로 받아들여진 것과 이론이 서로 비일관적으로 보이는 경우가 거의 없기 때문이다. 그 이유를 알아보자. 당신이 어떤 이론을 잠정적으로 채택했고, 이제 그 이론이 제안하는 연구 프로그램을 수행 중이라고 가정해 보자. 이 연구 과정에서 우연히 당신은 이례적인 현상—당신이 전혀 예상하지 못한 현상—을 발견하게 된다. 더 나아가 당신이 이 현상의 존재를 확실히 알 수 있는 것으로 여긴다고 가정하자. 반증 시험이 즉시 그 이론을 포기하라고 지시하는가? 전혀 그렇지 않다. 그 어떤 이론도 결코 그 이론 자체만으로 되어 있지 않다. 모든 이론가는 이론적 믿음과 비이론적 믿음으로 구성된 전체 망과 세계를 비교한다. 그리고 '자신의 이론'과 '자신이 논란의 여지 없이 알려진 것으로 받아들인 것' 사이에는 직접적인 모순이 거의

---

17   Karl Popper, *The Logic of Scientific Discovery* (London, 1959), p. 280에서 인용함. 『과학적 발견의 논리』, 박우석 옮김(서울: 고려원, 1994).

없을 것이다. 오히려 기껏해야 '자신의 믿음으로 구성된 **전체 망**'과 '자신이 논란의 여지 없이 알려진 것으로 받아들인 것' 사이에 모순이 있을 것이다. 이때 자신의 여러 믿음 중 어떤 것을 포기할지 결정하는 것은 그에게 달려 있다. 가장 현명한 처신은 고려 중인 이론을 포기하는 것이거나, 혹은 다른 이론을 포기하는 것일 수 있다. 하지만 반증 규칙은 이 문제에 답하기 위한 아무런 지침도 주지 않는다.[18]

종교재판소 사례로 돌아가 보자. 종교재판소는 성경을 읽음으로써 천체 운동에 관하여 천동설을 믿게 되었다. 그런데 이 이론에 부합하지 않는 예외적인 어떤 현상을 발견했다고 가정해 보자. 그렇다면 그들은 성경이 거짓을 가르친다고 결론 내려야 할까? 글쎄, 다른 수많은 선택지 중에서 고르는 것도 가능하다. 우선 그들은 천동설을 고수하면서 다른 부수적인 몇몇 자연과학적 가설을 포기할 수도 있다. 자신들이 사용하고 있는 성경 본문의 중요한 부분이 부패했다고 결론 내릴 수도 있다. 성경 저자들이 태양이 지구 주위를 돈다고 **믿었지만** 이 점을 **가르치려** 한 것은 아니라고 결론 내릴 수도 있다.[19] 성경 저자들이 실제로 태양이 지구 주위를 **돈다**는 말이 아니라 그런 식으로 **보인다**는 말을 하고 있다고 결론 내릴 수도 있다. 성경을 '세

---

18   Imre Lakatos, "Falsification and the Methodology of Scientific Research Programs," pp. 100 이하를 보라. 라카토스는 이 상황을 깔끔하게 요약한다. "후건 부정 (*modus tollens*)의 화살을 쏠 발사대 역할을 하는 견고하게 자리 잡은 경험적 기반이 있다 **하더라도**, 여전히 주된 표적을 찾을 가망은 없다"(p. 102).

19   이는 내가 다음 글에서 주장한 바다. "Canon and Criterion," *The Reformed Journal*, Oct. 1969.

속적' 문제가 아니라 '종교적' 문제에 대해서만 권위 있는 것으로 여겨야 한다고 결론 내릴 수도 있다.[20] 그런데 반증 규칙은 이러한—그리고 그 밖의—선택지 중에서 결정하는 일과 그저 무관하다.

혹은 임레 라카토스가 들려주는 짧지만 이해를 돕는 다음 이야기를 고찰해 보자.

> 이 이야기는 행성의 오작동에 관한 가상의 사례다. 아인슈타인 이전의 어느 물리학자는 뉴턴의 역학과 중력 법칙(N), 허용된 초기 조건 I을 받아들이고, 이것들의 도움을 받아 새로 발견한 작은 행성 p의 경로를 계산한다. 그러나 행성은 계산한 경로에서 이탈한다. 우리의 뉴턴식 물리학자는 뉴턴 이론에서는 이러한 이탈이 불가능하다고 생각하고 따라서 이 이탈이 규명되기만 하면 이론 N을 반박하는 것이 나왔다고 생각할까? 아니다. 그는 지금까지 알려지지 않았던 행성 p'이 존재해야 하며 그것이 p의 경로를 방해하는 섭동을 일으킨다고 제안한다. 그는 이 가상 행성의 질량, 궤도 등을 계산한 다음, 실험 천문학자에게 자신의 가설을 시험해 달라고 요청한다. 행성 p'은 너무 작아서 현재 사용되는 망원경 중 가장 큰 것으로도 도저히 관측할 수 없다. 그래서 실험 천문학자는 훨씬 더 큰 망원경을 만들기 위해 연구 보조금을 신청한다. 3년이 걸려서 새 망원경을 마련했다.

---

20 이는 바로 갈릴레오의 해결책이다. 크리스티나 대공부인에게 보내는 그의 편지를 보라. 다음 책에 재간행되었다. S. Drake (ed.), *Discoveries and Opinions of Galileo* (New York, 1957), pp. 173-216.

미지의 행성 p'이 발견된다면 뉴턴식 과학의 새로운 승리로 환영받을 것이다. 하지만 발견되지 않는다. 그러면 우리의 과학자는 뉴턴의 이론과 섭동을 일으키는 행성이 있다는 발상을 포기할까? 포기하지 않는다. 그는 우주의 먼지구름으로 인해 우리가 저 행성을 관측하지 못하는 것이라고 제안한다. 그는 이 구름의 위치와 특성을 계산하고, 자신의 계산을 시험할 위성을 띄우기 위해 연구 자금을 요청한다. 인공위성의 계측기들(거의 검증되지 않은 이론에 기초한 아마도 새로운 계측기들)이 가설상으로만 존재하던 구름이 실재로도 존재한다는 점을 나타냈다면, 그 결과는 뉴턴식 과학의 탁월한 승리로 환영받았을 것이다. 그러나 구름의 존재를 찾지 못했다. 그렇다면 우리의 과학자는 뉴턴의 이론을 비롯하여 섭동을 일으키는 행성과 이 행성을 가리고 있는 구름이 있다는 발상을 포기할까? 포기하지 않는다. 그는 위성이 있던 우주 공간에 위성 계측기들을 방해하는 자기장이 있다고 제안한다. 그래서 새로운 위성을 쏘아 올린다. 만일 자기장이 발견된다면 뉴턴주의자이 훌륭한 승리를 자축할 수도 있겠다. 그러나 발견되지 않았다. 그렇다면 이는 뉴턴식 과학을 반증하는 것으로 여겨질까? 그렇지 않다. 또 다른 기발한 보조 가설이 제시되거나 … 혹은 이 이야기 전체가 먼지 쌓인 수많은 정기 간행 학술지에 묻혀 다시는 언급되지 않을 것이다.[21]

---

21   Lakatos, "Falsification and the Methodology of Scientific Research Programs," pp. 100-101.

여기서 결론은 다음과 같다. 하나의 집합을 이루는 일련의 토대 명제들이 있다 하더라도, 우리가 수용하거나 거부하는 게 보증되는 이론들이 그 집합을 구성하는 명제들과 어떤 관계인지 아직 아무도 성공적으로 진술하지 못했다. 일련의 토대 명제가 있다 하더라도 우리에게는 과학 전체에 관한 일반 논리학이 없으며, 따라서 이론의 수용과 거부를 보증하는 일반 규칙도 없다.

6. 토대에 속하는 명제를 충분하게 찾기 어려운 까닭들

토대론자의 비전에서 필수 사항은 일련의 토대 명제들―즉, 참일 뿐만 아니라 비추론적으로 알 수 있어야 하고 또한 참임을 확실하게 알 수 있는 명제들―의 존재다. 그러한 명제들이 있다고 생각할 만한 좋은 이유가 있을까? 또는 우리 논의와 더 관련성 있게 말하자면, 모든 이론 수용 및 거부의 기반으로 역할 할 만큼 충분한 토대 명제들이 있다고 생각할 만한 좋은 이유가 있는가?

불행히도 두 번째 물음은 직접적인 관련이 있는 것이긴 하지만, 분명하고 명확한 문제를 제기하지 않는다. 앞서 했던 논의의 결론은 이론이 토대 명제에 의해 **정당화되기** 위한 만족할 만한 기준이 없다는 것이었다. 이는 명제들이 이론 수용 및 거부의 기반 역할을 한다는 것이 무엇인지를 우리가 **알지** 못한다는 의미다. 비추론적으로 확실하게 알 수 있는 명제들이 그러한 행위를 위해 충분히 광범위한 기반인지 여부를 묻는다면 명확한 질문을 던지는 것이 아니다.

우리는 앞선 논의에서 논의의 목적을 위해 물리적 대상에 관한 몇몇 단칭 명제들을 토대 명제로 단순히 가정했다(만약 이 가정들이 참이더라도 수용이 보증된 이론이 토대로부터 연역할 수 있는 것[또는 토대와 관련하여 개연적인 것]에 한정되는 경우는 여전히 없다는 점을 보았다). 이 시점에서 우리가 할 수 있는 한 가지는 이러한 가정이 보증되는지 여부를 고찰하는 것이다. 보증되지 않는다면, 토대론을 거부할 이유는 두 가지가 된다.

그렇다면 문제는 다음과 같다. 우리가 비추론적으로 확실히 참임을 알 수 있는 물리적 대상에 관한 단칭 명제가 있는가? 이를테면, 나는 **내 책상이 갈색임**을 비추론적으로 확실히 알 수 있는가?

여기서 '확실히'라는 말이 의미하는 바가 무엇인지 확정되기 전까지, 이러한 물음은 불분명할 것이다. 확실성 개념으로 정당하게 불릴 만한 서로 다른 수많은 개념이 있다.[22] 절차에 공정성을 기하려면, 토대론의 기본 취지에 어긋나는 명제들을 포함하지 않으면서도 가능한 한 토대가 광범위하고 포괄적일 수 있는 확실성 개념을 취해야 할 것이다. 가능한 한 **가장 협소하게** 확실성 개념을—가장 적은 수의 명제들이 충족하는 개념을—취한다면, 논의가 공정하지 않을 것이다. 혹은 너무 많은 명제가 토대 명제가 될 정도로 확실성 개념을 너무 광범위하게 취하면 그 자체가 토대론의 기본 의도를 충

---

22 다음을 보라. "The Anatomy of Certainty," in *Philosophical Review*, 76 (1967); 그리고 William Alston, "Varieties of Privileged Access," in *American Philosophical Quarterly*, Vol. 8, No. 3 (1971. 7.). 또한 데카르트에 관한 출간 예정작에서 다음을 보라. P. De Vos, "Certainty and the Method of Hyperbolic Doubt."

족하지 못할 것이다. 이를테면 **거짓** 명제를 토대 명제에 포함시킬 수 있는 확실성 개념을 사용한다면 공정하지 못할 것이다.

이러한 조건들을 가장 잘 충족하는 확실성 개념은 아마도 **의심 불가능성** 개념일 것이다.

어떤 사람이 어느 시점에 확실하게 아는 명제는 그 시점에 그에게 의심 불가능한 명제다.[23]

그렇다면 우리의 문제는 다음과 같아진다. 우리가 비추론적으로 의심할 여지 없이 알 수 있는 물리적 대상에 관한 단칭 명제가 있는가?

이 물음은 계속 예리하게 다루어야 한다. 비추론적으로 무언가를 안다는 것은 어떤 의미인가? 진정한 과학이 있으려면 어떤 명제들이 있어야 하는데, 그 명제들이 참임을 확실히 알 수 있어야 하고,

---

[23] 아마도 여기서 쟁점은 믿지 못하는 심리적 상태가 아니다. 우리는 믿지 않는 것이 사실상 보장되는 무언가를 믿지 않는 것이 (인과적으로) 불가능할 때도 있는 것 같다. 하지만 이런 경우는 쟁점과 무관하다. 여기서 쟁점과 관련된 것은 이러한 심리적 무능력함이 아니라 단지 믿지 않는 것이 보증된다는 점이다. 우리는 이를 종합해서 다음과 같이 말할 수 있다.

x는 p를 의심할 여지 없이 안다 $=_{df}$ x는 p를 믿는다. 그리고 p는 참이다. 그리고 p가 참이고 x가 p를 믿을 이유도 있는 상태면서 동시에 x가 p를 믿지 않는 것을 보증하는 x가 p를 믿지 않을 이유가 있다는 것은 불가능하다.

※ 옮긴이 주: "df"는 정의(定義)를 의미한다. 그리고 불가능하다는 진술은 "의심할 여지 없이"에 해당하는 조건이지 "안다"의 조건이 아니므로, '안다'가 '믿는다'에 머물지 않기 위한 정당화 조건이 덧붙여져야 할 것 같다.

또한 그 명제들과 관련하여 이론들이 정당화되어야 한다는 것이 토대론의 견해다. 즉 어떤 명제가 진정한 과학의 이론이 되기 위해서는 어떤 확실한 것들로부터 만족할 만한 추론 규칙을 통해 그 명제를 얻을 수 있어야 한다. 따라서 무한퇴행 내지 무한순환을 피하려면 우리가 참임을 확실히 알 수 있는 명제가 있어야 하는데, 또한 우리가 확실히 참임을 아는 또 다른 명제들로부터 만족할 만한 추론 규칙을 통해서 이 명제들을 얻을 수 있다는 것을 알지 못한 채로도 우리는 이 명제들이 확실히 참임을 알 수 있어야 한다. 비추론적으로 명제를 안다는 것은 이런 것이다.[24]

어떤 사람이 비추론적으로 의심할 여지 없이 참임을 알 수 있는 물리적 대상에 관한 단칭 명제들이 있는가? 이를테면, 나는 **내 책상이 갈색임**을 비추론적으로 의심할 여지 없이 알 수 있는가?

물리적 대상에 대한 대부분의 단칭 명제는 우리가 그것을 조금이라도 알려면 관찰을 통해 그러한 명제 중 일부를 알아야 하는 식이다. 그렇다면 중요한 문제는 다음과 같다. 우리는 우리의 지각 능력을 사용하여 물리적 대상에 관한 단칭 명제에 대해 비추론적이고 의심할 여지 없는 지식을 얻을 수 있는가? 이 물음에 대한 답을 찾을 때 비추론성보다 의심 불가능성에 초점을 맞춰 보자. 왜냐하면

---

24 이를 다음과 같이 말할 수 있다.

> x는 p를 비추론적으로 안다 $=_{df}$ x는 p를 안다. 그리고 x가 만족할 만한 추론 규칙을 통해 q로부터 p가 도출될 수 있음을 아는 그런 명제 q란 없으며, x가 q를 몰랐다면 p도 몰랐을 그런 명제 q는 없다.

비추론성의 요건은 독립적인 것이 아니라, 우리의 믿음 중 일부가 의심 불가능해야 한다는 요건으로부터 파생되는 것이기 때문이다.

물론 모든 인간이 그러한 지식을 습득할 수 있지는 않을 것이다. 예를 들어 대상의 색이 문제라면 색맹인 사람은 그러한 지식을 얻을 수 없을 것이다. 그리고 사람이 자신의 지각 능력을 사용할 때마다 지식을 습득하지는 않을 것이다. 술이나 환각제의 영향을 많이 받고 있다면, 지각 능력 사용이 의심 불가능성을 가져오지 않을 것이다. 마찬가지로 열악한 조건에서 대상에 대한 지각 능력을 사용할 때도 의심 불가능성이 따라오지 않을 것이다. 안개가 자욱한 밤에는 갈색 책상이 항상 갈색 책상 같은 모습으로 나타나지는 않고, 갈색 책상 같은 모습으로 보이는 물체가 항상 갈색 책상은 아니다.

만일 물체가 우리의 지각 능력을 통해 우리에게 나타나는 방식과 물체가 실제 존재하는 방식 사이에 불일치가 있을 수 없다면(그리고 불일치가 있을 수 없다는 점을 우리가 의심할 여지 없이 안다면), 우리는—물체가 우리에게 나타나는 방식에 관한 우리의 믿음이 의심 불가능할 수 있다고 가정한다면—물체의 실제 존재 방식에 관한 의심할 여지 없는 지식을 얻을 수 있다. 이러한 상황에서 어떤 물체가 갈색 책상 같은 것으로 나에게 보인다면, 나는 내가 지각하고 있는 갈색 책상이 존재한다고 결론 내릴 수 있으며, 내 믿음은 의심 불가능할 것이다.

그러나 나타남과 존재 사이의 불일치는 인간 실존의 근본 특성 중 하나다. 우리는 모두 나타남/존재의 차이를 발견한 다음 점차 그러한 점에 대처하는 법을 배운다. 우리는 다음과 같은 식의 법칙을 배운다. 어떤 사람이 이러저러한 대상을 지각하고 있거나, 그가 이러저러한 상황에 있거나, 혹은 대상이 이러저러한 상황에 있다면, 그 사람이 지각 능력을 사용할 때 이러저러한 대상은 아마 그 대상이 이러저러한 속성과 관련하여 존재하는 방식과 다르게 나타날 것이다. 게다가 우리는 그러한 조건에 있는 그러한 대상이 어떻게 달리 나타날지를 구체화하는 어떤 법칙들도 배운다. 우리는 빨간 불빛 아래 있는 파란 물체가 파랗게 보이지 않는다는 것뿐만 아니라 보라색으로 보인다는 것도 배운다.

이제 이렇게 질문할 수도 있을 것이다. 우리가 그러한 법칙을 믿는 것이 의심 불가능한 지식의 재료가 될 수 있을까? 그러나 이 어려운 문제는 제쳐두고, 우리가 다음과 같은 형식의 법칙을 의심할 여지 없이 안다고 가정해 보자. '만일 누군가 조건 C에서 자신의 지각 능력을 사용한다면, 대상 O는 속성 P와 관련하여 있는 그대로 나타나지 않을 것이다.' 우리에게는 여전히 다음과 같은 불편한 문제가 남을 것이다. 우리는 이런 식의 모든 법칙에 관한 의심 불가능한 지식을 어떻게 얻을 수 있으며, **또한 이러한 법칙들을 모두 안다는 사실에 대한** 의심 불가능한 지식을 어떻게 얻을 수 있는가? 우리는 '불일치를 낳는 모든 조건을 우리가 안다'는 의심 불가능한 지식을 과연 어떻게 얻을 수 있을까? 우리가 그러한 법칙을 하나도 놓치지 않았다는 것을 우리는 어떻게 의심의 여지 없이 알 수 있는가? 과거에 틀렸던 방식들을 알아내고 있긴 하다. 하지만 '내가 불일치를 낳는 모든 조건을 아는지 여부'를 내가 의심할 여지 없이 알지 못한다면, 내가 갈색 책상을 지각하고 있다는 현재 나의 믿음도 내가 지각하고 있는 것이 나에게 갈색 책상 같은 것으로 보인다는 현재의 내 인식에 근거하고 있으므로 의심 불가능할 수 없다. 내가 전혀 모르는 유독 화학 물질이 우리 상수도에 유입되어서 이 물체가 갈색이 **아닌**데도 갈색으로 **보이게** 만드는 것일 수도 있기 때문이다.

느슨한 부분을 더 꽉 조여 보자. 만일 불일치를 낳는 조건을 내가 모두 알고 있다는 점을 내가 의심할 여지 없이 알고 있다 하더라도, 어떤 주어진 경우에 그 조건들이 전부 존재하지 않는지를 내가 어떻게 의심 불가능하게 알 수 있겠는가? 그런데 내가 그러한 점을 의심 불가능하게 알지 못한다면, 나는 여전히 어떤 대상이 나타나는 방식으로부터 어떤 대상이 실제로 어떠한지를 추론할 수 없다. 나에게 갈색 책상 같은 것으로 보이는 것을 내가 보고 있다고 가정해 보자. 또한 나는 감각 기관의 상태와 관련하여 모든 불일치의 법칙을 알고 있다. 여기에는 약물 α의 영향을 받을 때 빨간 책상이 빨간색이 아니라 갈색으로 보이는 법칙도 포함된다. 그렇다면, 내가 갈색 책상 같은 것으로 보이는 무언가를 보고 있다는 내 지식에 근거하여 내가 이것이 갈색 책상이라는 것을 의심할 여지 없이 알려면, 나는 지금 내가 약물 α의 영향을 받고 있지 않다는 것(또한 내 지각 능력을 비정상적인 상태에 두는 그 밖의 다른 무엇의 영향도 없다는 것)을 의심할 여지 없이 알아야 한다. 내 지각 능력이 비정상적 상태에 있는지 아닌지를 알아낼 방법이 있지만, 그런 방법 자체가 지각을 필요로 한다. 그래서 나는 지각 테스트를 거친다. 이 테스트 결과를 의심 불가능하게 알려면, 테스트 결과를 지각할 때 나타나는 것과 존재하는 것 사이의 불일치가 없다는 점을 의심할 여지 없이 알아야 한다. 그렇다면 다시, 나는 내가 약물 α를 비롯하여 그와 유사한 것들의 영향을 받고 있지 않다는 것을 의심할 여지 없이 알아야 한다. 요약하자면 이렇다. 내가 나의 지각 능력을 사용하여 내 지각 능력이 정상적인 상태에 있다는 점을 의심할 여지 없이 알게 되었다면, 나는 내 지각 능력이 정상 상태에 있다는 것을 이미 의심의 여지 없이 알고 있었다는 말이다.

우리에게 사물이 나타나는 방식에 영향을 미치는 한 가지 요인은 특히 토대론과 관련된다. 심리학자들은 흥미로운 여러 실험을 통해 우리의 믿음과 기대가 사물이 우리에게 나타나는 방식에 영향을 미친다는 점을 보여 주었다. 걱정스러울 만큼 사물은 있는 그대로가 아니라 우리가 믿는 대로 우리에게 나타나며, 우리가 사물이 있는 그대로 나타나는 상태를 예상하지 않은 경우에는 우리에게 있는 그대로 나타나지 않는다는 것이다. 이는 에른스트 곰브리치(Ernst Gombrich)가 위대한 저서 『예술과 환영』(*Art & Illusion*, 열화당 역간)에서 보여 주었듯이, 미술의 역사에서 놀라운 방식으로 확인되었다. 곰브리치는 여러 미술 작품을 예시로 제시한다. 그 작품들은 자연을 충실하게 나타낸 것으로 당대에 칭송받은 것들인데, 지금 우리에게는 진기해 보인다. 그 작품들은 색다르지만 명백히 부정확하다. 결국 곰브리치가 내린 결론은 대체로 화가들은 자신들이 보고 있는 것보다 볼 것이라 예상한 것을 그린다는 것이다.

우리가 경험하고 있는 것의 본성에 대한 우리의 믿음이 이미 완전히 정확할 때에만, 우리가 경험하고 있는 그것이 우리에게 있는 그대로 나타날 것이다. 그러나 이러한 점은 분명 토대론에 치명적이다. 지각은 우리의 이론에 확고한 기반을 제공하지 않는다.[25] 오히려, 우리의 지각이 사실과 부합하려면 우리의 이론이 먼저 정확해야 한다. 지각은 이론과 분리되어 있지 않다. 이론은 확증을 따라 움직인다.

우리는 논의를 좀 더 밀고 갈 수 있다. 지금까지 우리는 지각 능력을 통해서 어떤 물체가 갈색 책상 같은 것으로 나타나 있다는 의심 불가능한 지식을 가질 수 있다는 가정에 대해 논하였다. 그리고 이렇게 나타남에 관한 지식을 기초로 하면, 갈색 책상 같은 것으로 나타난 것이 곧 갈색 책상이라는 의심 불가능한 지식에 도달할 수 없다는 점이 밝혀졌다. 그런데 이에 앞서 했던 가정은 어떠한가? '**어떤 대상**이 지각상 나에게 갈색 책상 같은 것으로 나타난다'는 것이 의심 불가능한 지식일 **수 있을까**?

먼저 망상과 환각의 경우를 고찰해 보자. 내가 갈색 책상을 보고 있는 망상에 시달리고 있다고 가정해 보자. 이 경우에 나는 '갈색'이 그리고 '책상 모양'이 보였다. 하지만 나에게 갈색 책상 모양으로 나타나는 대상은 없다. 그렇다면 내가 지각하고 있는 것이 보이는 그대로인지 아닌지를 물을 수조차 없다. 그래도 **무언가**가 나에게 갈색의 책상 모양으로 나타나고 있다고 내가 믿는 경우를 생각해 보자.

---

[25] 이러한 감각 자료 이론들의 목적은 우리가 경험하고 있으며 또한 착각할 수 없는 무언가를 찾는 것이었다. 아마도 그런 개체는 없을 것이다.

내가 그렇게 믿는 경우, 내가 갈색 책상이 있다는 믿음을 포기하고 지금 나에게 갈색 책상 모양이 보인다는 주장으로 후퇴하는 것을 보장하는 근거들은 항상 있지 않은가? 간단히 말해, 나는 **무언가**가 나에게 갈색 책상 모양으로 나타나고 있다고 **믿을** 수 있다. 그러나 내가 이를 의심 불가능하게 아는 것은 아니다. 갈색 책상 모양이 보인다는 좀 더 방어적인 주장으로 후퇴하면서, 나는 아마 우리가 찾고 있던 것—의심 불가능한 지식 하나—에 도달했을 것이다. 그러나 그게 무엇인지 주목해 보자—그것은 나 자신과 나의 의식 상태에 관한 주장이다. 이 과정에서 우리는 의심 불가능한 것으로부터, 따라서 토대로부터 도출되는 물리적 대상에 관한 단칭 명제를 폐기한 것이다.

우리가 물리적 대상에 관한 단칭 명제가 사실과 부합하는지를 **의심 불가능하게** 알 수는 없더라도, 우리가 우리의 의식 상태에 관한 토대 명제에 기초하여 일부 단칭 명제를 믿는 것은 보증될 수 있을 것 같다. 사실 어떤 사상가도 그러한 보증을 보여 주지 않았고, 어떻게 보증이 될 수 있는지를 보는 것도 쉽지 않다. 나에게 어떻게 보이는지를 명시하는 일련의 명제들로부터 개연론적 연역을 통해 미래에 나에게 아마도 어떻게 보일지를 추론할 수 있다. 그러나 그런 명제들로부터 아마도 어떤 **대상**이 나에게 나타났었을 것이라고 추론할 때 어떤 원리로 정당화될 수 있는가? 그리고 앞서 살펴봤듯이 토대론에 근거하면 일반적으로 귀납 논증이 받아들여질 수 없다는 난점도 있다.

요약하자면, 일련의 의심 불가능한 것들이 모든 이론화를 뒷받침하기에 충분한 것 같지 않아 보인다. 우리의 의식 상태에 관한 일부 명제들은 토대에 속한다. 그러나 과학은 단지 의식 상태만이 아니라 온갖 '객관적' 개체들—나무, 광물, 물체의 움직임 등—을 다룬다. 우리 자신의 의식 상태에 관한 명제들에 대한 우리의 내적 지식으로부터 객관적 과학의 전체 구조를 세울 수 있을 것 같지는 않다. 우리가 객관적 과학의 전체 구조를 세울 수 있는 의심 불가능한 다른 토대가 있을 가능성은 훨씬 낮아 보인다.

이 시점에서 논리학이나 수학 같은 '비경험적인' 분야에만 진정한 과학이 있다는 과격한 반응을 보일 수도 있다. 우리는 이런 분야에서만 의심 불가능한 것으로부터 만족스러운 추론 규칙을 사용하여 도출한 이론을 갖게 되기 때문이다. 이러한 주장이 정말 맞는지를 모조리 탐구하는 것은 우리의 탐구 범위를 훨씬 넘어선다. 자명하게 참인 명제들로부터 출발하여 자명하고도 만족스러운 규칙을 사용하여 수학 체계를 구성한 유클리드 모델도 매우 뒤처진 모델이라는 점을 언급하는 것으로 충분하다. 오늘날 수학자들과 논리학자들은 자명함과는 거리가 먼 공리들에서 출발한다. 그런 다음 그들은 자명하게 거짓인 명제가 나오지 않도록 연역 추론을 구성한다. 그러는 동안 그럴듯하지 않은—그리고 역설을 피하기 위한 자의적인—인상이 매우 짙게 깔린다.

7. 주장하지 않은 것들

토대론은 모든 면에서 좋지 않은 상태다. 내가 보기에는 토대론이 치명적인 병에 걸렸으니 체념하고 토대론의 부재 속에서 사는 법을 배우는 수밖에 달리 방법이 없는 것 같다. 이론화에는 의심 불가능한 토대가 없다.

내가 이렇게 말한다고 해서 우리 모두가 생각하고 믿는 것과는 별개의 본성을 지닌 객관적인 실재가 있음을 부인하는 것은 전혀 아니다. 내가 했던 말 중에 인간이 존재하는 저 실재의 창조자라는 확증을 요구하는 것은 없다.

당신이나 내가 저 객관적 실재에 관한 참된 믿음을 얻을 수 있음을 부정하고자 하는 것도 아니다. 내가 했던 말은 정당하고 달성 가능한 탐구의 목표인 진리를 거부하라고 요구하지 않는다.

또한 당신이나 내가 저 객관적 실재에 관한 지식을 얻을 수 있음을 부정하려는 것도 아니다. 내가 했던 말 중 어떤 것도 끝없는 불가지론을 고백하도록 요구하지 않는다.

또한 우리가 복잡하게 얽힌 인간의 믿음 덤불 중에서 어떤 믿음은 받아들이고 어떤 믿음은 거부하는 것이 보증된다는 점을 부인하려는 것도 아니다. 내가 했던 말 중 "다 그게 그거다"라는 고백을 요구하는 것은 없다.

나는 그저 이론 수용을 보증하기 위해 제안되었던 규칙이 방어될 수 없다는 점을 확인하고자 한 것이다. 어떤 이론이 비추론적으로 확실하게 알 수 있는 명제들에 의해 정당화된다고 믿는 것이 보증된다면 오직 이런 경우에 한해서만 그 이론을 받아들이는 것이 보증된다는 것은 맞지 않다. 이로부터, 우리의 생각 및 믿음과 독립적인 구조화된 실재가 없다는 결론이 따라 나오지는 않는다―비록 토대론의 난점들로 인해 많은 사람이 이러한 입장을 취하게 되었지만 말이다. 또한 진리를 이론 탐구의 목표로 삼는 것을 포기해야 한다는 결론이 따라 나오지도 않는다―비록 토대론의 난점들로 인해 많은 사람이 이러한 견해에 심히 끌리게 되었지만 말이다. 또한 우리는 진리를 절대로 알 수 없다는 귀결로 이어지지 않는다―비록 토대론의 난점이 불가지론의 물결을 일으켰지만 말이다. 또한 하나의 믿음은 다른 믿음만큼 나에게 보증된다는 귀결로 이어지지도 않는다. 도출될 수 있는 결론은, 이론화에는 의심 불가능한 토대가 없다는 것이 전부다.

우리가 앞으로 구축할 이론화에 관한 이론들은 비토대론적 이론이어야 할 것이다.

8. 성경은 토대론을 구원할 것인가?

상당수의 그리스도인이 불안함을 느낄 수도 있겠지만, 앞서 설명한 '토대'라는 의미에서 보면 성경도 우리에게 이론화를 위한 토대를 제공하지 않는다. 성경을 읽고 해석하는 일은, 비추론적이며 의심 불가능하게 참임을 알 수 있는 명제들에 도달하기 위한 절차가 아니다.

과학에 관해서 토대론적 견해를 가지고 있는 그리스도인은 성경이 그러한 토대를 제공한다고 믿고 싶은 유혹을 자주 받는다. 이런 사람들은 말하기를, 성경은 하나님이 계시하신 명제를 담고 있으며 하나님은 오류를 범하실 수 없다. 어떤 사람들은 의심 불가능한 것들이 축적된 이 저장고가 **그 자체로** 과학 이론을 구성하는 데 충분하다고 말하기까지 한다. 하지만 대부분의 그리스도인은 성경에서 얻은 의심 불가능한 것들이 반성 및 관찰을 통해 얻은 것들로 보완되어야만 우리가 모든 이론을 평가하기에 알맞은 토대를 갖게 될 것이라고 본다. 나는 성경 무류성(infallibility)을 주장하는 전통적 이론들이 형성된 배경에는 대체로 이런 견해를 고수하고자 하는 동기가 있었다고 본다. 사람들은 과학―그리고 인간 지식 전반―에는 확실한 토대가 있어야 한다고 가정해 왔다. 그리스도인에게 성경 혹은 반성과 경험이 동반된 성경보다 무엇이 더 나은 확실성의 원천일까?

이 문제를 철저하게 고찰하려면 우리가 전제하고 있는 성경과 계시에 관한 이해를 면밀히 살펴야 하며,[26] 그 결과 우리는 너무 멀리까지 가게 될 것이다. 성경에 대한 이러한 견해가 옳다 하더라도 성경이 이론화의 토대를 제공할 수 없다는 점을 보이는 것만으로도 우리의 목적을 위해서는 충분하다.

가장 강한 의미에서 성경이 실제로 오류가 없다고 가정해 보자. 즉 성경에서 주장된 명제들은 모두 참이며, 그 명제들이 전제하고 있는 명제들도 모두 참이다. 이 모든 명제가 오류를 범하실 수 없는 하나님이 계시하신 것이기 때문에 그렇다고 가정해 보자. 당연히 이런 조건들만으로는 성경이 이론화를 위한 충분한 토대가 될 수 없다. 한 가지 예를 들어 보면, 보어의 원자론도 그에 대한 반박도 성경에서 도출할 수 없다.

하지만 이러한 난점은 제쳐두기로 하자. 그리고 성경이 오직 하나님이 계시하신 것만을 담고 있으며 하나님은 오류를 범하실 수 없다는 말이 사실이라고 가정해 보자. 그렇다면 우리는 성경을 읽고 해석함으로써 성경이 담고 있는 명제들에 관하여 의심 불가능한 지

---

26 다음의 내 논문들을 보라. "On God Speaking," "How God Speaks," "Canon and Criterion," in *The Reformed Journal* (July-Aug., Sept., Oct. 1969).

식에 이를 수 있을까?

이 물음에 '그렇다'라고 대답하기 어려운 이유들은 모두 우리에게 익숙하다.[27] 일단 다음과 같은 이중적인 주장이 펼쳐지고 있음을 주목하라. (1) 오류를 범할 수 없는 하나님은 명제들을 계시하시고 (2) 성경은 하나님이 계시하신 그러한 명제들을 담고 있되 **오직** 그가 계시하신 명제들만을 담고 있다. 그러나 전자는 그냥 두더라도 후자만이라도 사실인지를 우리가 어떻게 알 수 있는가?

우리가 가진 성경 사본이 전부 필사 과정에서 오류가 없었던 것일까? 본문이 전해진 역사를 보면, 내가 가진 사본에 오직 하나님이 계시하신 것만 들어 있는지 여부를 내가 의심 불가능하게 알 수 없다는 점이 분명하지 않은가? 이제 친필본을 구할 수 없기에, 성경 원본 내지 친필본은 하나님이 계시하신 것을 정확히 담고 있다는 주장에 기대어 토대론자가 할 수 있는 것은 없다.

그럼에도 불구하고 한 걸음 더 나아가서, 본문 전승이 완전히 정확했고 또한 그러했음을 우리가 어떻게든 의심 불가능하게 알 수 있다고 가정해 보자. 여전히 토대론자는 저 원본에 있는 것이 정확히 하나님이 계시하신 것이란 점을 의심 불가능하게 알아야 한다. 그런데 그런 앎이 어떻게 가능한가? 원작자는 과연 그러한 점을 알 수 있었을까? 이 문제에 대해 가장 기계적인 관점에서 보면 성경 저자들은 그들이 어찌어찌 들은 것을 받아 적었다. 그런데 사람들에겐

---

27   다음을 보라. George Mavrodes, "The Bible Buyer," in *The Reformed Journal*, July-Aug. 1968.

항상 '무언가가 들린다.' 그렇다면 아모스는 그가 듣고 있는 것과 쓰고 있는 것이 하나님이 말씀하고 계신 것이라는 점을 어떻게 의심 불가능하게 알 수 있었을까? 어쩌면 그는 실제로 알았을 것이다. 그런데 그는 토대론적 의미에서 **의심 불가능하게** 알았을까? 아모스에게 그렇게 믿지 않는 것이 보증될 만한 이유가 있는 것은 **불가능했을까**? 아모스가 양을 치고 있는데 영리한 적이 바위 뒤에서 속삭이는 말로 속였다는 것을 그가 알아냈다고 가정해 보자. 이는 그가 하나님의 말씀을 듣고 있는 게 아니었다는 믿음을 보증할 만한 이유가 되지 않을까?

어떤 사람들은 다음과 같이 반응한다. 즉 신자라면 '자신이 가진 사본이 정확한 전달의 결과이며 원저자가 하나님이 계시하신 것을 정말로 적고 있었다는 점'을 확실하게 밝히는 과정을 거치지 않고도 성경의 말이 하나님이 계시하신 것이라는 점을 단번에—"성령의 증거"로—안다. 그럴 수도 있겠다. 그러나 다시금 '이를 **의심 불가능하게** 알 수 있는가?' 하는 물음이 제기된다. 그가 믿지 않는 것을 보증하는 이유는 있을 수 없는가? 목회 서신 중 일부를 4세기에 이집트 사제들이 썼다는 주장에 대해 설득력 있는 증거가 제시되었다고 가정해 보자. 이것은 그러한 이유가 되지 않을까?

한 걸음 더 가 보자. 우리의 성경 사본이 하나님께서 계시하신 것을 정확히 기록한 것임을 인간이 어떻게든 의심 불가능하게 알 수 있다고 가정해 보자. 성경에서 말하는 바를 우리가 올바르게 이해하고 있다는 점을 우리가 의심 불가능하게 아는 것도 가능한가? 우리는 어떻게 이를 의심 불가능하게 알 수 있는가? 해석이 어마어마하게 다양하다는 점으로 미루어 볼 때 그러한 앎의 가능성은 매우 희박하지 않은가? 그렇다면 성경이 의심 불가능한 것들만 담은 책이더라도 우리가 그 내용을 의심 불가능하게 파악할 수 없다면 무슨 소용인가?

그렇다면 불가피한 결론이 나온다. 성경은 토대론을 구원하지 않을 것이다.

그러나 이번 장에서 말한 내용에서 도출되는 결론은 이것 하나뿐이다. 그리스도인이 자신이 믿는 바에 대해 어떤 확신도 가질 수 없다는 결론이 나오지는 않는다는 점을 강조해야겠다. 그리스도인이 믿는 것 중 어떤 것도 지식의 지위를 갖지 못한다는 결론이 도출되지도 않는다. 우리가 성경을 읽고 해석하는 것이 '우리가 이론을 받아들일지 말지를 전부 좌우할 준거가 되는 의심 불가능한 명제들'을 제공하지 않는다는 점만 도출된다.

9. 이론 평가의 구조

이제 이론화의 특징을 분석할 때가 왔다. 처음에 우리는 이론화가 어떤 식으로 되어야 하는지를 구체화하는 몇몇 이론들을 관찰했다. 이는 4장의 마지막에서 말했듯이 토대론에 해당하는 사항이다. 토대론은 이론화가 어떻게 이루어져야 하는지에 관한 하나의 테제다. 우리의 목적을 위해 우리는 그러한 규범적 이론을 제쳐두고 기술적 이론—일련의 개체들 중 일부 또는 전체가 특정한 속성을 가지고 있거나 특정한 관계에 있다는 의미의 일반화—에 집중할 것이다. 문제가 되는 개체들의 집합을 이론의 **범위**라고 불러 보자. 예를 들어, 내 사무실에 있는 모든 의자가 오하이오주 캔턴시에서 제작되었다는 이론을 내가 구상하고 있다면, 내 사무실 의자의 집합은 이론의 **범위**에 속한다—오하이오주 캔턴시도 마찬가지다. 기술적 이론을 내놓는 것은 그 범위 안에 있는 개체들이 일반화하기에 적합하다고 주장하는 것이다.

일부 이론은 예측하는 이론이다. 자연과학에서 특히 그렇다. 즉 이러저러한 초기 조건이 주어진다면 어떠어떠할 것이다. 그러나 모든 이론이 예측 이론은 아니다. 또한 모든 이론이 '설명하는'(이 단어를 매우 자연적인 의미로 쓸 때) 이론은 아니다. 그러나 모든 이론은 그 이론의 범위 안에 어떤 패턴이 있다는 점을 구체화한다.

우리는 집합을 이루는 개체 중 일부 또는 전체가 특정 속성을 가지고 있거나 특정 관계에 있다는 의미에서 모든 일반 명제가 이론으로 간주되어야 하는지 여부에 관한 문제는 건너뛸 것이다. 아마도 어떤 일반화가 이론으로 간주되려면 몇 가지 추가 조건을 충족해야 할 것이다. 또는, 일반화는 작동 방식에 따라 어떤 경우에는 이론으로 간주될 수 있고 또 어떤 경우에는 이론으로 간주되지 않을 것이다. 이러한 문제를 해결하는 것은 우리의 목적을 위해 필요한 것이 아니다. 내가 언급하는 몇몇 일반 명제가 이론인지 여부는 우리 논증에서 아무것도 좌우하지 않기 때문이다.

나는 어떤 경우에도, 어떤 과학(Wissenschaft)을 연구하는 데서만 이론이 제안된다고 또는 이론을 생각해 볼 수 있다고 가정하지 않을 것이다. 폭우가 내린 뒤에는 물고기의 입질이 없을 것으로 생각하는 어부는 내가 볼 때 이론을 제안하고 있다. 다시 말해 과학 활동은 이론을 다룬다는 점에서, 심지어 특별한 종류의 이론—과학적 이론—을 다룬다는 점에서조차도 인간의 다른 활동과 구별되어서는 안 될 것이다. 처음에 어떤 과학을 수행하면서 고안되고 받아들여진 이론이 나중에 사회 구성원의 비과학적인 일로 이어지는 경우가 종종 있다. 반대로 일상생활에서 나온 이론을 과학자들이 채택하는 경우도 빈번하다. 과학자들이 이론과 관련하여 어떤 독특한 행위를 하기 때문에 과학이 차별화되는 것도 아니다. 사람들은 과학을 연구하면서도 이론을 **고안**하고, 비과학적 활동을 하면서도 이론을 고안한다. 사람들은 과학을 연구하면서도 이론을 **평가**하고, 비과학적 활동을 하면서도 이론을 평가한다. 과학과 일상생활은 이론의 존재와 관련하여, 그리고 그 이론을 바탕으로 수행하는 활동과 관련하여 연속선상에 있다고 볼 수 있다. 과학에서 두드러지는 특징은 연구 프로그램을 제안하고 감독하기 위해 이론을 사용한다는 점이다. 하지만 곰곰이 생각해 보면 이러한 점도 일상생활과 정도의 차이일 뿐이다.[28]

---

28   과학 안팎에서 이론들과 관련하여 우리가 수행할 수 있는 그리고 수행하는 행동은 매우 다양하므로, 이제부터는 '이론화'와 '이론적 활동'이라는 용어 사용을 피할 것이다. 이 용어들은 수많은 별개의 활동을 한데 뭉뚱그려 모호하게 하는 경향이 있다.

   이론을 고안하는 일은 분명 이론을 고안하는 사람 쪽에서 **추출**(abstraction[추상]) 행위를 전제하고 있다. 이는 이론 고안자가 어떤 개체들의 속성이나 관계에 대해서 제한된 범위에 초점을 두고, 그 밖의 범위는 무시하고 있음을 전제로 한다. 그러나 이로부터 추출이 이론 고안을 식별하는 특성이라거나, 심지어 **과학** 이론 고안을 식별하는 특성이라고 결론 내린다면 잘못일 것이다. 우선, 제한된 범위에서 어떤 개체들의 속성이나 관계를 추출하는 식으로 주의를 기울인다고 해서 바로 이론이 나오는 것은 아니다—바로 일반화가 나오는 것도 아니다. 게다가 이론을 염두에 두고 있지 않을 때에도 추출이 일어날 수 있다. 내가 음악 작품을 들으면서 그 작품의 특징 중 제한된 범위에만 주의를 기울이고 있고 다른 특징들은 관심 범위 바깥으로 나가서 흐릿할 때 추출이 발생한다. 실제로 아무도 자신이 듣고 있는 음악의 모든 특성에 주의를 기울이고 싶어도 기울일 수 없다.

   하나의 과학을 다른 과학과 구분 짓는 것은 그 과학 이론의 범위 안에 들어간 개체들의 특성만, 제한된 영역에서만 다룬다는 점일 것이다. 그렇다면 추출은 과학들을 특수화하는 일의 기초다. 그러나 여전히 이론을 고안하는 일은 특성 추출로 이루어지는 게 아니며, 특성 추출은 이론을 고안할 때만 발생하는 것이 아니다.

과학 연구에 종사하는 이들이 이론을 **평가**하는 데, 즉 이론을 받아들일지 거부할지 결정하는 데 상대적으로 적은 시간을 소비한다는 점은 (최근 몇몇 저자가 제시한 바와 같이) 아마 사실일 것이다.[29] 이론을 평가하기보다 오히려 다양한 이론을 당연하게 받아들이고 이를 좀 더 정확하게 하거나, 이론들이 제안하는 연구 문제에 참여하거나, 이론과 관련된 데이터를 더 정확하게 결정하는 등의 일에 대부분의 시간을 쓸 것이다. 하지만 우리의 목적을 위해서는 이론 평가에 대한 분석으로 시작하는 것이 매우 도움이 될 것이다.

주장된 패턴이 실제로 그 범위 안에 있는지 없는지와 관련해서 내가 이론을 평가하려면, 그 범위 안의 개체들에 관한 믿음들이 있어야 한다.[30] 이러한 믿음 중 적어도 일부는 내가 **데이터**로 간주하는 것이어야 한다. 다시 말해, 일부 믿음은 이론과 적어도 일관적일 것이 요구되는 식의 믿음이어야 한다. 최소한의 요구다. 내 사무실에 있는 모든 의자가 오하이오주 캔턴시에서 제작되었다는 내 이론의 경우, 첫 번째로 고려할 사항은 다음과 같다. 내가 캔턴 원산지 이론을 받아들이기 위해 이 이론과 일관적이어야 한다고 보는 내 사무실, 사무실 의자, 캔턴시에 관한 믿음이 내게 없다면, 그저 나는 이

---

29 다음으로 보라. Imre Lakatos, "Falsification and Scientific Research Programs," in Lakatos and Musgrave, *Criticism and the Growth of Knowledge* (Cambridge, 1970). 또한 다음을 보라. Thomas Kuhn, *The Structure of Scientific Revolutions* (Chicago, 1962).

30 이론을 평가할 때 이것보다 이론의 다른 특성들과 관련하여, 이를테면 미학적 특성 (우아한지 우아하지 않은지)과 관련하여 평가할 수도 있다.

론이 주장하는 바와 관련하여 이론을 평가할 수 없을 뿐이다. 패턴의 존재 또는 부재와 관련하여 이론을 평가하는 모든 행위의 핵심에는, 이론의 범위 안에 있는 개체들에 관한 믿음 중 일부를 이론 평가를 위한 데이터로 취하는 **결정**이 있다.

우리는 확실한 토대들과 관련지어서 이러한 결정을 내릴 수 없음을 보았다. 우리는 의심 불가능하게 알 수 있는 것만을 데이터로 취하기로 결의할 수 없다. 그러한 것은 어떤 데이터도 생성하지 않을 것이기 때문이다―혹은 좀 더 조심스럽게 말하자면, 거의 생성하지 않을 것이기 때문이다. 내가 이론이 주장하는 바를 평가해야 한다면, 내가 참이라고 믿는 것을 데이터로 삼는 것 외에는 선택의 여지가 없다. 공유할 토대가 부족하다는 사실에 직면한 우리는 각자 '자기 자신에게 참인 것' 말고는 다른 선택지가 없다.

이제 하나 이상의 경쟁 이론이 내가 데이터로 취하는 모든 것과 일관성을 이루는 일이 반복적으로 생긴다. 데이터를 두고 내가 내리는 결정은 다른 근거들을 가지고 내려야 한다. 그래도 다음과 같은 사실은 그대로다. 이론의 범위에 있는 개체들에 관한 자신의 믿음 중 일부를 데이터로 취하지 않고는 주장된 내용과 관련하여 이론을 평가할 수 없다.

우리는 이론을 평가할 때 항상 자기 믿음의 복합체 전체를 가지고 온다. 우리는 평가되는 이론과 관련된 데이터로 기능하는 신념들만 놓아두고 나머지 모든 신념을 제거하지는 않는다. 오히려 우리는 여전히 믿음으로 뒤덮여 있다―일부 믿음은 인식하고 있고, 대부분은 인식하지 못한 채 말이다. 나는 이렇게 우리를 뒤덮은 믿음 중 특별히 두 종류의 요소를 골라내고자 한다.

먼저, 무언가를 데이터로 받아들이기 위한 조건이 되는 일련의 수많은 믿음이 항상 있을 것이다. 이를 **데이터의 배경 믿음**(data-background beliefs)이라고 부르자. 내가 어떤 이론을 평가할 때 이 책상이 갈색이라는 데이터를 취한다면, 이는 내가 책상을 관찰할 때 내 감각이 책상 색을 알아내기에 적절한 상태였다고 믿기 때문일 것이다. 이는 또한 내가 책상을 관찰할 때 관찰을 통해 색을 알아내기에 적절한 방식으로 빛이 비치고 있었다고 믿기 때문일 것이다. 또한 이 밖에도 여러 믿음이 전제되어 있을 것이다. 주목해야 할 점은 주어진 사람이 주어진 이론을 평가하기 위한 데이터의 배경이 되는 믿음들 가운데 결국 수많은 이론이 있을 것이라는 점이다. 과학자가 무언가를 데이터로 취하는 일은 엄청나게 복잡한 이론의 망을 받아들였기 때문이다. 어떤 시간에 어떤 이론을 평가하는 것은 데이터의 배경이 되는 이러한 모든 이론을 문제없는 것으로 간주한 것이다. 이 경우 데이터의 배경이 되는 이론들은 평가의 대상이 아니다.

우리의 목적상, 이론을 평가하는 동안 우리를 뒤덮고 있는 믿음들 중 두 번째 요소에 집중하는 것이 훨씬 중요하다. 이론을 평가하는 모든 사람은 고려 중인 문제에 대해 무엇이 수용 가능한 **종류**의 이론을 이루는지와 관련하여 특정한 믿음을 지닌다. 우리는 이를 **통제 믿음**으로 부를 수 있다. 여기에는 해당 이론에 필수적인 논리적 구조나 미적 구조에 관한 믿음, 해당 이론이 개체들의 존재(existence)

를 우리에게 적절하게 약속할 것 같은 그런 개체들에 관한 믿음 등
이 포함된다. 통제 믿음은 두 가지 방식으로 작용한다. 우리는 그러
한 믿음을 고수하기 때문에 특정한 종류의 이론을 **거부**하게 된다 ─
어떤 이론은 그러한 믿음과 비일관적이기 때문이고, 또 어떤 이론은
우리의 통제 믿음과 일관적이더라도 잘 조화되지 않기 때문이다. 다
른 한편으로, 통제 믿음은 또한 우리가 이론을 **고안**하게 하기도 한
다. 우리는 우리의 통제 믿음과 일관된 이론을 원한다. 또는 더 엄밀
하게 말하자면, 우리는 우리의 통제 믿음과 가능한 한 잘 조화되는
이론을 원한다.[31]

비감각적인 개체를 상정하는 이론이 만족스럽지 않다는 것은 에
른스트 마흐의 통제 믿음 중 하나였다. 마흐는 비감각적인 개체를
상정하는 이론이 받아들이기에 만족스러운 후보가 전혀 아니라고
거부했다. 마흐는 또한 이러한 통제 믿음에 맞춰서 감각주의적인 기
초 위에 물리학을 재구성하기 시작했다. 요약하자면, 통제 믿음은 이
론을 제안하고 평가하는 데 부정적으로도 긍정적으로도 작용한다.

나는 논의를 시작하면서 통제 믿음에 관한 몇 가지 다른 예를 인
용했다. 이 개념은 이어질 내용에서 매우 중요하므로 다른 예를 하

---

31 나는 이 마지막 관계가 무엇인지, 즉 **가능한 한 잘 조화되는** 관계가 무엇인지 설명할
수 없다. 하지만 보통 우리가 이론과 통제 믿음 사이에서 논리적 일관성 그 이상의 것
을 요구한다는 것은 내가 보기에 분명하다. 그리고 적어도 때로는 "그 이상의 것"이
이러한 말("가능한 한 잘 조화되는")로 적절하게 기술될 수 있는 것 같다. 또한 상황
이 때로는 덜 적절해서 우리는 우리의 통제 믿음 일부와 일관적인 이론 또는 잘 조화
되는 이론을 **찾는다.** 더 정확히 말하자면, 우리의 통제 믿음이 우리로 하여금 그러한
이론을 **떠올리게** 한다. 찾는 일은 극히 적다.

나 더 인용하는 게 아마 좋을 것이다. 최근 몇 년간 많이 논의된 사례다. B. F. 스키너는 『자유와 존엄을 넘어서』(*Beyond Freedom and Dignity*)의 시작 부분에서 심리학 이론에서 수용 가능한 종류의 요건을 제시한다. 그는 매우 단도직입적으로 말한다.

> 과학적 분석의 과제는 물리 체계로서의 어떤 사람의 행동이 인간종이 진화한 조건 및 개인이 사는 조건과 어떻게 관련되어 있는지를 설명하는 것이다. …
>
> 우리는 마음이 매개하는 상태로 가정된 것을 무시하고 행동과 환경의 관계로 곧장 눈을 돌려서 물리학과 생물학이 취한 길을 따를 수 있다. 물리학은 낙하하는 몸의 환희를 더 면밀하게 살펴봄으로써 발달하지 않았고, 생물학은 생기 있는 영혼(vital spirits)의 본질을 살펴봄으로써 발달하지 않았다. 우리는 행동을 과학적으로 분석해 나가기 위해 인격, 마음의 상태, 감정, 개성, 계획, 목적, 의도, 그 밖의 자율적 인간의 특권이 실제로 무엇인지 알아내고자 노력할 필요가 없다.[32]

---

32 Pp. 14-15. 『자유와 존엄을 넘어서』, 정명진 옮김(서울: 부글북스). 노암 촘스키는 이 책 서평(*New York Review of Books*, Dec. 30, 1971)에서 위 구절의 전반부에 대해서 다음과 같이 논평한다. "확실히 과학적 분석의 과제는 사실을 알아내고 설명하는 것이다. 인간의 두뇌가, 상황에 알맞지만 환경적 우발 상황에 그저 미미하게만 영향받는 자유로운 선택을 허용하는 물리적 원리(아마도 지금은 알지 못하는)에 의해 실제로 작동한다고 가정해 보자. 과학적 분석의 과제는—스키너의 믿음처럼—그의 관심이 쏠린 조건들이 전적으로 인간의 행동을 결정한다는 것을 입증하는 것이 아니라, 조건들이 실제로 인간의 행동을 결정하는지를(또는 그 조건들이 조금이라도 유의미한지를) 알아내는 것이다. 이는 매우 다른 문제다. 만일 조건들이 인간의 행동을 결정하지 않는다면(이는 그럴듯해 보인다), 과학적 분석의 과제는 문제를 명확하게 하는

우리는 어떤 사람의 이론 평가에서 시작해서 평가자의 믿음을 세 가지로, 즉 **데이터 믿음, 데이터의 배경 믿음, 통제 믿음**으로 구분하였다. 이는 믿음의 **본질**에 관한 구분이 아니라 믿음이 **작용하는** 방식—어떤 주어진 사람이 주어진 이론을 주어진 경우에 평가하는 것과 관련하여 믿음들이 어떻게 작용하는지—에 관한 구분이라는 점을 강조해야겠다. 어떤 경우에는 주어진 사람이 주어진 이론을 평가할 때 데이터의 배경 믿음, 또는 통제 믿음으로 작용하던 것이 다

일과, 실제 사실을 다루는 이해 가능한 설명 이론을 찾는 일이 될 것이다." 촘스키는 위 구절의 후반부에 대해서 다음과 같이 논평한다. "만일 추상적인 마음 이론으로 특징 지어질 수 있는 매개하는 상태가 실제로 존재하지 않고, 또한 만일 인격 등이 낙하하는 몸의 환희와 같이 실제적이지 않다면, 이는 충분히 사실이다. 하지만 사실로 간주한 가정들이 거짓이라면, 확실히 우리는 자율적인 인간의 특권들이 실제로 무엇인지를 알아내려고 노력할 필요가 있다."

내가 이론적 활동에서 "통제 믿음"이라고 부르는 것의 작용에 대해 다소 다른 관점을 취하고 있는 것으로는 다음을 보라. Gary Gutting, "A Defense of the Logic of Discovery," in *Philosophical Forum*, IV, 3. 구팅(Gutting)은 확인의 논리와 발견의 논리를 구분한다. 그는 **규제 원리들**(regulative principles, 그는 이렇게 부른다)이 후자에서 작용하지만 전자에서는 작용하지 않는다고 주장한다. 규제 원리들은 결론이 "T가 확인될 수 있다고 생각하는 것이 그럴듯하다"라는 형식으로 된 논증에서 전제로 작용한다. 나는 만족스러운 확인 개념이 구성될 수 있을까 하는 의심 때문에 다른 접근 방식을 추구하게 되었다. 내가 이론 평가에 대해 말하는 것은 그저 수용 가능성과 관련하여 말하는 것이지, 수용 가능함을 입증하는 것과 관련하여 말하는 것이 아니다. 내가 **데이터 믿음**이라고 부르는 것은 엄밀히 말하면 내가 **통제 믿음**이라고 부르는 것의 부분 집합이다. 이론 T를 평가하기 위한 P의 통제 믿음은 P가 T를 받아들이려면 T가 갖추어야 할 일관성의 대상이 되는 P의 믿음이다(또는 T가 잘 조화되어야 하는 대상이 되는 P의 믿음이다). 이러한 P의 믿음 중에는 T의 범위 안에 있는 개체들에 관한 어떤 단칭 명제들이 있을 것이다. 그리고 이 단칭 명제들은 T를 평가하기 위한 P의 데이터 믿음이다. T를 평가하기 위한 P의 통제 믿음 중에는 물론, T를 받아들이려면 T를 평가하기 위한 데이터가 되는 믿음들과 T 사이에 R관계가 있어야 한다는 의미의 어떤 믿음이 있어야 한다—여기서 R관계는 저 논리적 일관성보다 더 설득력 있는 관계다.

른 경우에는 고찰 중인 이론이 될 수도 있다. 어떤 경우에는 뉴턴의 운동 법칙이 평가 중인 이론이 될 수도 있고, 망원경의 광학적 특성에 관한 특정한 믿음들은 데이터의 배경으로 남아 있을 수도 있다. 또 다른 경우에는—아마도 천문학 내에서 어떤 이상 현상이 관측되었기 때문에—뉴턴 이론이 문제가 되지 않아 배경으로 이동될 수도 있고, 망원경 광학에 관한 다양한 가정들은 평가 및 시험을 위한 전경으로 옮겨질 수도 있다. 어떤 주어진 경우에 이론을 평가하는 데이터 믿음으로 기능하던 믿음이 다른 경우에는 그 이론이 문제없다고 여겨짐으로써 그 이론을 가지고 그 믿음이 평가되는 일이 때때로 일어나기도 한다.

이어질 내용에서 내가 주장하는 바는 그리스도교 학자의 종교적 믿음들이 이론을 고안하고 평가하는 과정에서 **통제** 믿음으로 작용해야 한다는 것이다. 이것이 종교적 믿음들이 작용해야 하는 유일한 방식은 아니다. 예를 들어, 종교적 믿음은 이론들을 갖는 것이 어디에 중요한지에 관한 자신의 견해를 형성하는 데 도움이 되어야 한다. 그렇다고 해서 종교적 믿음의 작용이 그 역할을 다한 것은 아니다. 오히려 종교적 믿음이 통제 믿음으로 작용하는 것이 그리스도인 학자의 작업에서 절대적으로 핵심이다. 내가 초점을 맞추고자 하는 것은 바로 이러한 작용이다.

10. 그리스도인의 진정한 헌신

논의를 더 진행하기 위해, '그리스도인의 진정한 헌신'(authentic Chris-
tian commitment)이라는 표현을 좀 더 면밀하게 살펴보아야 한다. 이
표현은 이어질 내용에서 매우 중요해질 것이다. 이를 위해 나는 진
정한 헌신보다 **실제** 헌신에 나타난 특성으로 시작해 보려 한다.

그리스도인이 된다는 것은 그리스도를 따르는 사람이 되는 일에
근본적으로 헌신하는 것이다. 맨 처음부터 이러한 점이 그리스도인
을 다른 이들과 구분 지었다. 물론 그리스도인이 된다는 것은 어떤
공동체—어떤 전통이 있는 공동체—에 속하는 것이기도 하다. 그
러나 이 공동체를 식별하는 요소는 그 구성원이 그리스도를 따르기
로 근본적으로 헌신한 사람들이라는 점이다.

구약과 신약이라는 신성한 문서들이 있다는 점은 전통을 지닌 이
공동체의 핵심 특성이다. 이 경전은 한편으로 고대인과 고대 민족의
종교를 표현한 것이다. 그러나 또한 그리스도를 따르는 이들의 공동

체가 이 경전이 그리스도를 따르고자 하는 이들의 생각과 삶을 지도하는 권위 있는 지침이라고 판단한 것이기도 하다.[33]

그리스도를 따르기로 근본적으로 헌신한 사람이라면 누구나 그 결과로 특정한 것들을 하고 믿게 될 것이다. 헌신이 어떤 구체적이고 분명한 행동과 신념의 복합체로 실현되지 않은 채 이렇게 근본적으로 헌신할 수는 없다. 우리는 불특정 다수가 아닌 특정인에 대하여 그의 근본적 헌신이 **실제로** 실현되는 행동과 믿음의 복합체를 그의 **실제** 헌신이라고 부를 수 있다.[34]

---

33   제임스 바(James Barr)는 이전에는 구전 전통만 있었던 종교 공동체가 신성한 문서들로 된 정경을 자체적으로 확립했을 때 벌어진 일에 관하여 논하면서 매우 흥미로운 점들을 지적했다. 그가 쓴 다음의 책을 보라. *The Bible in the Modern World* (New York, 1973), 특히 pp. 127 이하, 150 이하.

34   나는 '믿음'(faith)이라는 단어가 나와야 할 것 같은 곳에 '헌신'(commitment)이라는 단어를 쓴 이유를 설명해야 한다. 두 가지 이유가 있는데, 둘은 다소 연관이 있다. F. G. 다우닝(Downing)이 그의 책 *Has Christianity a Revelation?*에서 설득력 있게 제시한 사항은 성경 저자들이 무언가를 계시하시는 하나님에 대해 비교적 거의 말하지 않는다는 점이다. 성경 저자들은 **말씀하시는** 하나님에 대해 훨씬 더 자주 말한다. 그들은 아주 드물게만 자신을 계시하시는 하나님에 대해 말한다. 그래서 내가 볼 때 우리 신학들의 기본 구조는 **하나님이 말씀하심/사람이 들음**이어야 할 것 같다. 하지만 고전 신학들은 모두 더 나아가서 문제가 되는 계시가 하나님의 자기-계시로 구성된다고 이해했다.
     누군가는 계시하시는 하나님에 대해 말하는 것은 말씀하시는 하나님에 대해 말하는 것과 같은 것을 말하는 것인데 다른 단어로 한 것이라는 반응을 보일 수도 있겠다. 하지만 그렇지 않다. 그 차이는 아마 인간의 말을 생각해 보면 가장 잘 보일 것이다. 가령 내가 당신에게 "문을 닫아라"라고 말한다고 생각해 보자. 분명 나는 이렇게 말하면서 여러 가지를, 특히 나 자신에 관한 여러 가지 것을 드러내고(reveal(계시하고)) 있긴 하다. 하지만 나는 당신이 거기에 초점을 맞추면 초점에서 벗어났다고 여길 것이다. 왜냐하면 내가 무언가를 드러낸 것은 그저 **명령을 내리는** 과정에 불과하기 때문이다. 그리고 내가 명령을 내린 의도는 나에 대한 당신의 호기심을 만족시키기 위함이 아니라, 다만 당신이 문을 닫게 하기 위함이다. 내가 여기서 믿음이라는 개념 사용을 피하려고 그러나 그리스도를 따르기로 자신을 헌신하는 것은 또한 그리스도를 따르는 것이 실현**되어야 하는** 방식인 행동과 믿음의 복합체에 대해 어느 정도 확신이 있음을 전제로 한다. 물론 그러한 확신의 내용이 무엇인지에 관해서는 그리스도인들의 의견이 서로 많이 나뉜다(어떻게 알아내야 하는가에 관한 문제에서도 많이 다른 것처럼). 하지만 모든 그리스도인은 진보적이든 보수적이든 간에 자신의 근본적 헌신이 실현될 방식에 관한 견해를 가지고 있다. 어떤 사람이 자신의 헌신을 현실화하기 위해 실제로 상정**해야 하는** 행동과 믿음의 복합체를 나는 그의 **진정한** 그리스도교적 헌신이라고 부를 것이다.

우리의 진정한 동의를 이루는 것이라고 내가 판단하는 것의 형태를 간략히 설명하는 것은 이어질 내용에서 중요하다. 예부터 대부분의 고대인은 하나님께서 창조 때 수여하신 책임의 패턴에서 벗어났다. 수많은 악이 뒤따랐다. 그러나 하나님은 인간을 비참의 수렁에 내버려 두려 하지 않으셨다. 인간의 죄와 그로 인한 악에 대한 응답으로, 하나님은 회복을 가져오기로 결심하셨다. 실제로 하나님은 이미 그 결심에 따라 예수 그리스도의 삶, 죽음, 부활에서 결정적으로

하는 까닭은 고전 신학에서 **믿음**은 늘 **계시**와 짝을 이루어 왔기 때문이고, 나는 하나님의 계시하심보다 하나님의 말씀하심이 우리의 기본적인 신학 개념으로 여겨져야 한다고 생각하기 때문이다.

둘째, 성경 저자들은 물론 믿음 개념을 사용한다. 하지만 바울이 이 개념을 사용할 때도 그렇듯, 믿음 개념은 하나님께 대한 그리스도인의 적절한 반응 전체를 포괄하지 않는다. 믿음은 그리스도인의 여러 덕목 중 하나다. 물론 그리스도인의 미덕 중 단지 하나가 아니라 그리스도인의 삶 전체를 포괄하는 개념을 부여함으로써 '믿음'이라는 단어를 재정의할 수도 있다. 하지만 그런 방법은 내가 볼 때 혼란을 줄 여지가 많은 것 같다.

행동하고 계셨지만, 보다 일반적으로는 하나님의 회복 사역에 대한 증인, 대리인, 증거가 되어야 하는 도전을 자기 삶에서 결정적이고 궁극적인 것으로 받아들일 사람들을 부르심으로써 행동하고 계신다. **증인**—하나님께서 창조하실 때 품으셨던 목표와 일치하는 사물의 질서를 가져오기 위해 하나님이 세상에서 일하고 계심을 선포하도록 부르심을 받은 사람이라는 점에서 증인이다. **대리자**—그러한 질서를 가져오기 위해 할 수 있는 것을 하도록 부르심을 받은 사람이라는 점에서 대리자다. **증거**—그러한 질서가 어떠어떠할지를 삶으로 나타내도록 부르심을 받은 사람이라는 점에서 증거다. 그렇다면 그리스도를 따른다는 것은 하나님 나라의 도래에 대한 증인, 대리자, 증거가 되는 임무에 참여하라는 하나님의 부르심을 결정적이고 궁극적인 방식으로 받아들임으로써 실현되어야 한다.

하나님의 백성들은 이렇게 하나님의 회복 사역의 증인, 대리자, 증거가 되는 일에 참여하면서 예수 그리스도의 제자 무리를 이룰 것이다. 주된 증인, 결정적 대리인, 가장 분명한 증거를 제시한 이가 바로 예수 그리스도셨기 때문이다.

내 생각에 (가능한 한 간략하게 표현하자면) 우리가 그리스도를 따르는 것은 이런 식으로 실현되**어야 한다**. 이러한 관점에서는 그리스도인의 진정한 헌신이 교의에 대한 동의와 동일시되어서는 안 된다는 점을 주목하라. 확실히, 교의든 아니든 명제들을 믿는 것과 동일시되어서는 안 된다.[35] 하지만 그리스도를 따르는 것에는 명제를 믿는 것도 여러 방식으로 **통합**된다.

그 일에 참여하는 사람은 어떤 것들을 선포하고, 어떤 것들을 선언하고, 역사에서 일어나고 있는 일을 알리도록 부름받는다. 그렇다면 당연히 이러한 것들을 믿고 있음을 전제로 한다. 그것은 믿음이 그리스도인의 헌신 안에 통합되는 한 가지 방법이다. 그리고 또 하나의 방법이 있다. 사람들은 새 생명의 증거를 주도록 부름받는다. 여기에는 자연을 기쁨과 존중으로 대하고 사회적으로 억압받는 이들과 연대하여 행동하는 것이 포함된다. 그런데 여기서도 마찬가지로 특정한 것들—그중에는 신조로 가르쳐진 것들도 있다—을 **믿는 것**이 포함된다. 그리스도인의 진정한 헌신이 특정한 것을 믿는 것과 같지는 않지만, 실제로 믿음의 내용을 가지고 있다.[36]

그리스도인의 진정한 헌신에 관한 우리 믿음의 내용 안에 포함되는 명제들이 그저 '초자연적인 것'에 관한 것이 아님을 인식하는 것이 우리가 앞으로 다룰 내용의 목적상 중요하다. 이 명제들은 하나님에 관한 만큼이나 이 세상과 이 세상에 거하는 이들에 관한 것이다. 만일 이 점이 아직 분명하지 않다면, 하나님께서 우리를 말하고

---

35 나는 **명제**라는 말을 확실하게 주장될 수 있는 것이라는 의미로 썼다. 따라서 명제는 참이거나 거짓이다. 내가 쓴 다음의 책을 참조하라. *On Universals* (Chicago, 1970), 1장.

36 특정한 방식으로 말하고 행하고 살도록 부름받은 사람들이, 그 순종의 일부로서 믿도록 부름받은 것이 아닌 다른 다양한 명제들을 진리로 전제하고 있다는 점도 덧붙일 수 있다. 예를 들어 그러한 사람들은 역사에서 하나님이 하신 것들을 말하도록 부름받는다. 그리고 내가 다른 곳에서 주장한 것처럼, 하나님은 시간 안에 계실 때에만 기술된 방식으로 행하실 수 있다. 그러나 하나님의 시간성은 아마 그 자체로 하나님의 백성이 믿도록 부름받은 것의 일부가 아니라 그저 그것에 전제된 것일 뿐이다. 내가 쓴 다음 글을 보라. "God Everlasting," in C. J. Orlebeke and L. B. Smedes (eds.), *God and the Good* (Grand Rapids, 1975).

행하고 존재하도록 부르신 것이 **무엇**인지 자세히 설명하면 분명해
질 것이다.[37]

내가 설명했듯이 그리스도인의 진정한 헌신은 사람에 따라, 시대
에 따라 상대적이다. 그리스도인의 진정한 헌신은 자신이 그리스도
를 따르는 것이 어떻게 실현되**어야 하는가**이기 때문이다. 그리고
이는 사람마다 다를 뿐만 아니라, 한 사람의 생애 가운데서도 시기
마다 다르다. 요즘 내가 그리스도를 따르기 위해 해야 하는 것은 당
신이 해야 할 일과 다르고, 내가 젊었을 때 해야 했던 것과도 다르
다. 마찬가지로 내가 그리스도를 따르는 사람으로서 믿을 의무가 있
는 것은 다른 누군가가 믿어야 하는 것과 다르며, 내가 어릴 때 믿어
야 했던 것과도 다르다. 따라서 하나의 총체로서 그리스도인의 진정
한 헌신은, 또한 그 믿음의 내용은 사람에 따라, 시대에 따라 상대적
이다. 누군가는 모든 그리스도인의 진정한 헌신에 내포된 믿음의 내
용에 속하는 특정한 명제들이 있다고 주장할 수도 있을 것이다. 아
마도 그렇겠지만 그런 명제들은 아주 적고 단순한 것이다.[38]

---

[37]   내가 판단하기로는, 믿음의 내용이 단지 초자연적인 것에 관한 것이 아니라는 사실
은 미국 사회에서의 종교의 자리에 관한 그리스도인의 관점에 중요한 요소다. 내가
쓴 다음 글을 보라. "Impartiality and Neutrality," in T. Sizer (ed.), *Religion and
Public Education* (Boston, 1967).

[38]   그리스도인으로서 나의 진정한 헌신에 내포된 믿음의 내용은 어떤 거짓 믿음을 포함
하고 있을지도 모른다. 종종 사람들이 아이들을 가르칠 때는, 엄밀히 말하면 거짓인
내용을 아이들에게 이야기한다. 따라서 하나님께서 우리에게 말씀하시는 것 중 일부
도 엄밀히 말하면 우리의 연약함에 맞추기 위한 거짓일 수도 있다. 그럼에도 우리에
게는 그것을 믿어야 하는 의무가 있을 수도 있다.
그리스도인으로서 나의 진정한 헌신에 내포된 믿음의 내용이 내가 그리스도인이기

위해 반드시 고수해야 하는 믿음들과는 다를 수 있다는 점에 주목해야 한다. 후자는 그리스도인이기 위한 **최소한의 필수**다. 전자는 **최대한의 의무**다.

11. 진정한 헌신은 이론화 작업에 어떻게 작용해야 하는가?

나는 9장 끝에서 그리스도인 학자의 종교적 믿음들이 이론을 고안하고 평가하는 과정에서 통제 믿음으로 작용해야 한다고 말했다. 이제 그 점을 더 정확하게 말할 수 있다. 그리스도인 학자는 그리스도인으로서 자신의 진정한 헌신에 내포된 믿음의 내용이 이론을 고안하고 평가할 때 통제 믿음으로 작용하게 해야 한다.[39] 그는 다른 모든 사람과 마찬가지로 자신의 믿음과 헌신의 체계 안에서 일관성(consistency), 총체성(wholeness), 무결성(integrity)을 추구해야 한다. 그리스도를 따른다는 근본 헌신이 자기 삶에 결정적이고 궁극적이어야 하므로, 삶 전체가 근본 헌신과 조화를 이루어야 한다. 진정한 헌신에 내포된 믿음의 내용은 소극적으로든 적극적으로든 통제하

---

[39] 이론을 고안하고 평가할 때, 그리스도인으로서 자신의 **실제** 헌신에 내포된 믿음의 내용이 **아니라**, 자신의 **진정한** 헌신에 내포된 믿음의 내용이 통제하도록 해야 한다고 말하고 있다는 점을 주의하라. 왜냐하면 전자와 후자가 다를 때 우선적인 의무는 실제 헌신을 자신의 **진정한** 헌신과 일치하게 하는 것이기 때문이다.

는 것으로 작용해야 한다. 소극적인 측면에서는 특정 이론이 자신의 진정한 헌신에 내포된 믿음의 내용과 모순되거나 잘 조화되지 않는다는 이유로 거부해야 한다.[40] 적극적인 측면에서는 자신의 진정한 헌신에 내포된 믿음의 내용과 가능한 한 잘 조화되는, 또는 적어도 일관적인, 이론을 고안해야 한다.

예를 들어, 우리의 진정한 믿음에 내포된 믿음의 내용은, 인간을 지구에 있는 다른 것들과 다르게 만드는 근본 요소 하나는 인간만이 하나님의 '은총'을 책임과 함께 받았다는 사실이라는 믿음을 포함한다. 이는 결국 그러한 책임을 수행하거나 하지 않을 자유가 있는 방식으로 인간이 창조되었음을 전제로 한다. 그리스도인 학자에게 이러한 명제들은 우리가 받아들이고자 하는 이론의 종류를 **통제**하는 기능을 해야 한다. 지금 내가 알기로는 수많은 행동주의자와 프로이트주의자가 인간의 자유와 책임을 전부 부인하거나, 혹은 그리스도인이 자유와 책임의 존재를 긍정해야 할 지점에서 부인한다. 그렇다면 우리는 그러한 이론을 거부해야 한다. 그러나 우리는 또한 우리의 진정한 헌신에 내포된 믿음의 내용과 잘 조화되는, 또는 일관적인, 심리학 이론을 계속 발전시켜야 한다. 그리스도인 학자는 자신이 심리학 이론을 고안하고 평가할 때 그리스도인으로서 자신의 진정한 헌신에 내포된 믿음의 내용이 이런 식으로 관여할 때에

40　어떤 이론을 거부한다는 것이 반드시 그 이론을 처리했다는 것은 아니다. 받아들일 수 없다는 것을 아는 이론에 직면했을 때 최고의 전략은 대안적이고 더 나은 이론 구축을 위한 단서가 나타날 것이라는 희망을 품고 그 이론이 제안하는 다양한 탐구 프로그램에 계속 관여하는 것이다.

만, 학자로서도 그리스도인으로서도 완전히 진지하다고 할 수 있다.

우리는 이런 식으로 이 문제를 볼 때 뒤따르는 몇 가지 귀결을 강조해야 한다.

(1) 대체로 그리스도인 학자의 진정한 헌신에 내포된 믿음의 내용이 실제로는 자신의 이론을 담고 있지 않을 것이다. 믿음의 내용 안에 이미 이론이 있는 게 아니라, 추출되기를 기다리고 있는 것이다. 아마도 이는 믿음의 내용의 일부로서 필수적인 일반 명제들이 **이론**이 아니기 때문일 것이다. 이에 대해서 나는 이런 식으로든 저런 식으로든 의견이 없다. 어쨌든 필수적인 일반 명제들이 거기에 전혀 없기 때문에 그런 것이다. 학자의 **실제** 헌신에 내포된 믿음의 내용을 고려할 때도 마찬가지다. 17세기 종교재판소가 제시한 그리스도인의 헌신의 형태에는 천동설이 포함되어 있다. 그러나 이조차도 특정한 천체의 경로에 관한 더 구체적인 이론이나 운동에 관한 더 일반적인 이론(역학)을 포함하고 있지는 않다. 학자의 실제 헌신에 내포된 믿음의 내용으로 인해 어떤 이론이 **떠오르는** 일은 때때로 발생한다. 그러나 그마저도 아닌 경우가 많다. 대부분의 경우 그리스도인 학자는 학자들이 일반적으로 사용하는 것과 동일한 상상력을 사용하여 자신의 이론을 얻어 내야 한다.

이와 관련하여, 성경은 그리스도인 학자에게 이론의 블랙북(black book)으로 기능할 수 없다. 인간이 자유롭고 책임 있는 존재라는 것은 사실 철학 이론이고, 아마도 고급 심리학 이론이기도 하며, 또한 그것은 성경의 가르침 안에 포함된 것이다. 하지만 성경에서 이러한 고급 심리학에 들어 있는 **상세한** 심리학 이론 또는 철학 이론을 찾을 수는 없다.

(2) 여러 문제, 특히 세부적인 문제와 관련해서는 그리스도인으로서의 진정한 헌신에 내포된 믿음의 내용을 만족시킬 이론이 하나 이상 있다. 예를 들어, 음악의 조화에 관하여 양자택일적인 두 이론, 또는 수학의 집합에 관하여 양자택일적인 두 이론은 각각 학자의 진정한 헌신과 일관적일 수 있다—심지어 잘 조화될 수도 있다. 그리스도인들은 그들의 공통된 헌신 때문에 모든 과학 이론을 공동으로 공유**해야 한다**는 말을 자주 듣는다. 이것이 사실이 아닌 이유 하나는 사람들의 실제 헌신이 그들의 진정한 헌신에 미치지 못하기 때문이다. 또 하나는 진정한 헌신이 사람마다 다르기 때문이다. 게다가 한 사람의 **진정한** 헌신조차도 양자택일적인 이론들의 여지를 허용한다. 그리스도인 학자들 사이에 몇몇 이론적 논쟁이 존재한다는 사실 자체는 그들 중 한 사람의(또는 그 이상의) 헌신의 특성에 결함이 있다는 충분한 증거가 되지 못한다.

(3) 한 학자의 그리스도인으로서 **실제** 헌신에 내포된 믿음의 내용은 대체로 이론 평가를 위한 데이터의 원천이 아니며, **진정한** 헌신에 내포된 믿음의 내용은 대체로 그 원천이 될 수 없다. 예를 들어, 어떤 사람이 시적 은유에 관한 이론을 평가하기 위해 가지고 있는 데이터는 세상의 몇몇 시적 은유에 관한 믿음으로 구성될 것이다. 그 사람이 책임 있는 학자로 행동해 왔다면, 자신이 접했던 시적 은유들을 주의 깊게 기록함으로써 이러한 데이터 대부분을 얻을 것

이다. 그는 자신의 실제 헌신에 내포된 믿음의 내용에서 그저 추출 함으로써 그 데이터를 도출하지 않을 것이다. 또한 그는 자신의 진 정한 헌신에 내포된 믿음의 내용에서 추출함으로써 도출할 수도 없 는데, 왜냐하면 추출할 데이터가 없기 때문이다.

이러한 일반화에는 예외가 있다. 어떤 데이터-믿음들은 세상을 관찰함으로써 추출할 수 있을 뿐만 아니라 우리의 진정한 헌신에 내포된 믿음의 내용에서도 추출할 수 있기 때문이다. 어떤 경우에는 이미 믿어 왔던 것을 경험을 통해 확인할 수도 있다. 또 다른 경우에 는 주어진 이론을 평가하는 것과 관련된 한 다발의 데이터-믿음이 일부는 추출을 통해, 다른 데이터-믿음은 관찰을 통해 얻은(오직 그 렇게만 얻을 수 있는) 식일 수 있다. 예를 들어, 인간의 공격성에 관한 어떤 이론을 평가하기 위한 데이터-믿음 중 일부는 성경에서 배운 것일 수 있고, 따라서 평가자의 진정한 헌신에 포함될 수 있다. 반면 다른 데이터-믿음들은 살아 있는 인간을 관찰함으로써만 나올 수 있다. 어떤 이론의 경우에는 데이터-믿음 전체가 오로지 자신의 진 정한 헌신에 내포된 믿음의 내용에서만 나오는 것도 가능하다. 그러 나 그리스도인 학자들도 대체로 다른 모든 사람과 동일한 전략을 사용하여―자신을 둘러싼 세계를 관찰하고 숙고함으로써―자신의 이론을 평가하기 위한 데이터에 이른다.[41]

---

41   내가 여기서 말하고자 하는 요지는 플래너리 오코너(Flannery O'Connor)가 단편 소설 쓰기에 관해 언급한 것과 흥미로운 유사점이 있다. 그녀는 다음과 같이 말한다. "이제 이것은 매우 낮은 수준의 시작이라, 이야기를 쓰고 싶다고 생각하는 사람들 대 부분은 거기에서 시작하려 하지 않는다. 그들은 사람이 아니라 문제에 관해서 쓰고

이러한 결론으로부터, 그리스도인 학자가 어떤 이론을 주장하기 위한 근거로 자신이 그리스도인이라는 사실을 제시하는 것(즉, 자신의 진정한 헌신에 내포된 믿음의 내용이 어떤 이론을 수반한다는 것)은 대개 불충분하다는 점이 명확해진다. 자신의 진정한 헌신에 내포된 믿음의 내용은 자신이 학자로서 고민 중인 문제에 관한 이론을 포함하지도 수반하지도 않는 경우가 흔할 것이다. 게다가 그 믿음의 내용이 통제하는 기능을 수행할 때는 보통의 경우 양자택일적인 이론을 허용할 것이다. 따라서 그는 데이터-믿음을 가지고 자신이 선택한 것을 (정당화할 수 있다면) 정당화해야 한다. 하지만 데이터 믿음 또한 보통은 진정한 헌신에 내포된 믿음의 내용에서 파생되지 않을 것이다.

(4) 이 문제에 관한 이러한 관점에서 특히 주목해야 할 점은 자신의 진정한 그리스도교적 헌신이 이론을 탐구하고 평가할 때 학문에 **내적으로** 작용해야 한다는 것이다.

그리스도인 학자들은 고전적으로 세 가지 방식 중 하나로 자신의 헌신을 이론화에 연관시키려 했다. 때때로 그들은 무엇이 진정한 헌신을 구성하는지에 관한 자신의 관점에 수정을 가함으로써, 이론화

싶어 한다. 혹은 구체적인 상황이 아니라 추상적인 문제에 관해서 쓰고 싶어 한다. 그들은 아이디어나 감정이나 넘치는 자아를 가지고 있거나, **작가가 되기**를 원하거나, 세상이 받아들일 수 있을 만큼 충분히 간단한 방법으로 자신의 지혜를 세상에 주고 싶어 한다. 좌우간 그들에게는 이야기가 없고, 만일 있더라도 쓰고자 하지 않을 것이다. 그리고 이야기가 없이 이론이나 공식이나 기법을 찾기 시작한다. 지금 이것은 당신이 이야기를 쓸 때 당신이 고수하는 도덕적 입장을 잊거나 포기해야 한다고 말하는 것이 아니다. 당신의 믿음은 당신의 시야를 비추는 빛이겠지만 그렇다고 당신이 보는 것은 아니며 보는 것을 대신할 수도 없다." *Mystery and Manners* (New York, 1957), pp. 90-91.

의 결과와 자신의 실제 헌신에 내포된 믿음의 내용을 조화시키려했다. 이는 다양한 그리스도교 학자들이 결국 행성 운동에 관해서는 지동설, 종의 기원에 관해서는 진화론, 오경의 기원에 관해서는 문서 가설을 받아들이게 된 방식이다. 둘째, 그리스도인 학자들은 과학의 이론 및 데이터를 더 큰 그리스도교의 맥락에 놓기 위해 거듭 노력해 왔다. 그들은 자신들이 진정한 헌신으로 간주하는 것에 내포된 믿음의 내용과 더불어 어떤 특정한 과학의 이론 및 데이터가 잘 어우러지는 패턴을 찾으려고 노력해 왔다. 셋째, 그리스도인 학자들은 인간의 삶의 문제에 과학적 이론화의 결과들을 그리스도교적으로 독특하게 적용할 것을 거듭 제안해 왔다.

조화, 맥락 안에 위치시키기, 적용이라는 세 가지 전략에서 공통점은 과학에 대한 **순응주의**(conformism)다. 세 전략 모두 과학이 지금 이대로 괜찮으며, 그것이 당연하다고 여긴다. 이 세 전략에서는 그리스도인의 헌신과 과학 안에서 일어나는 일 사이에 아무런 **내적** 관계가 없다. 또한 그리스도인의 헌신이 과학에서 이론을 고안하고 평가하는 일에 관여하지도 않는다.

그러나 그리스도인으로서 진정한 헌신을 보이는 사람은 현대 과학자들의 데이터 믿음과 이론이 사실이라는 생각을 당연한 것으로 여길 수 없다. 가장 분명한 이유는 현대 과학자들이 과학자**로서** 서로 일치하지 않기 때문이다. 선택을 해야 한다. 하지만 현대 과학의 일부 분야에서는 서로 의견이 갈리더라도 만일 어떤 분야에서는 모든 '전문가'의 의견이 일치할 때 그리스도인이(또는 다른 누군가) 그것에 관하여 자신의 비판적 능력을 포기해야 할 이유는 무엇인가? 결국 '전문가'도 자신의 통제 믿음으로 자신의 과학 작업을 수행해 왔을 것이다. 나의 것이 그들의 것이라거나, 그들의 것과 일치하는 과학이 나의 것과도 일치할 것이라고 가정해야 할 이유는 없다.

(5) 자신의 통제 믿음이 자신의 실제 헌신 안에 모두 들어 있는 그리스도인 학자는 거의 없을 것이다. 이는 정당화될 수 있는 경우다. 의학 연구자가 중국 침술의 배후에 있는 이론을 자기가 받아들일 만한 이론이 아니라고 거부하더라도, 그 이유는 자신의 종교와는 거의 관련 없을 것이다. 오히려 지난 세기 동안 서구 세계에서 발전한 질병에 관한 태도에 자신이 물들어 있는 것과 관련될 것이다. 일반적으로 그 누구도 **단지** 그리스도인이기만 한 사람은 없다. 예컨대 그리스도인이면서 또한 미국인이고 백인이며, 중산층이고, 다소 편집증적 성격이 있는 사람이 있다. 이러한 모든 호칭은 적절한 상황에서 이론을 고안하고 평가할 때 통제하는 기능을 할 수 있는 특유의 믿음들을 암시한다.

(6) 어떤 경우에는 그리스도인 학자와 비그리스도교인 학자가 어느 특정한 과학 이론을 각각 정당화하여 받아들일 수도 있다. 주어진 이론이 비그리스도인 학자의 통제 믿음과도 일치하고 그리스도인 학자의 진정한 헌신에 내포된 믿음의 내용과도 일치할 수 있기 때문이다.

이런 식의 수렴점이 있다는 것은 명백해 보인다. 이를 짚고 넘어가는 이유가 있다. 그리스도인이 수용할 수 있는 이론을 또한 비그리스도인 학자도 수용할 수 있으면 '그리스도교 학문 같은 것이 있다는 주장은 터무니없다'는 생각이 유행하고 있기 때문이다. 실제로 터무니없는 것은 그러한 결론으로 이어지는 그리스도교 학문 개념이다.

다른 한편으로 언뜻 떠오르는 것보다 '공유 기반'이 적을 수도 있다. 낮은 수준의 이론들이 특히 공유 기반을 드러낼 것으로 생각하는 경향이 있다. 그러나 과학에서 낮은 수준의 이론은 대개 높은 수준의 이론을 전제로 한다. 그리고 이러한 높은 수준의 이론이나 복잡한 계층의 이론에서 눈에 띄지 않는 특징 때문에 실제로 그리스도인 학자나 일부 비그리스도인 학자가 이론을 받아들일 수 없는 경우도 많을 것이다. 또한 일부 그리스도인 학자의 진정한 헌신과도 일치하고 일부 비그리스도인 학자의 통제 믿음과도 일치하는 이론이 다른 비그리스도인 학자의 통제 믿음과는 일치하지 않을 수 있다는 점도 주목해야 한다. 마찬가지로 진정한 헌신은 사람마다 다르다는 점을 고려하면, 그 이론이 다른 그리스도인 학자의 진정한 헌신과는 일치하지 않을 수도 있다.

(7) 만일 우리가 토대론자라면, 그 자체가 토대적 확실성에 속하거나 토대적 확실성으로 정당화될 수 없는 한 아무것도 우리의 이론 평가에 통제 수단으로 사용될 수 없다고 주장할 것이다. 그러나 우리는 토대론을 지지할 수 없다고 여기게 되었다. 따라서 그러한 주장은 적절하지 않을 것이다. 우리가 이론 평가에 사용하는 데이터든, 이론을 평가할 때 상정하는 통제 수단이든 확실성의 토대에서 파생될 수 없다.

12. 이러한 이론화에 관한 이론을 신학에 적용하기

이론 고안 및 평가와 그리스도인의 헌신의 적절한 관계에 관한 우리의 일반 이론에서 그리스도교 신학도 예외는 아니다. 하지만 그리스도교 신학은 그리스도교 신학에 관한 매우 특이한 설명을 제시한다. 주어진 사람이 주어진 경우에 주어진 이론을 평가하는 것과 관련하여, 데이터 믿음, 데이터의 배경 믿음, 통제 믿음이라는 삼중적 구분이 믿음들이 작용하는 방식에 대한 구분이라는 점을 염두에 두는 것이 신학에 대해 고찰할 때 특히 중요하다. 하나의 사건에서 한 가지 방식으로 작용하던 믿음이 다른 사건에서는 다른 방식으로 작용할 수도 있다.

교의 신학자는 하나님 및 하나님과 우리와 세상의 관계에 관한(또는 어떤 사람들의 견해에 따르면, 하나님 및 그러한 관계에 대해서 우리가 **생각**해야 하는 방식에 관한) 이론을 고안한다. '고안'이라는 단어는 신중하게 사용한 것이다. 교의 신학자들의 글을 검토해 보면 알 수 있듯이, 그들

신학자는 자신의 실제 헌신의 내용에서 자신의 이론인 명제들을 추출하는 일만 하지는 않는다. 아마 그는 이런 방식으로 어느 정도 얻는 것이 있겠지만, 모든 것을 얻는 것은 확실히 아니다. 신학자는 자신의 이론들을 얻어 낸 다음, 자신의 여러 믿음 중에서 그가 그리스도인의 진정한 헌신으로 간주하는 믿음의 내용에 속하는 것을 데이터로 취하여 자신의 이론들을 평가한다. 물론 여기에는 하나님 및 하나님과 우리와 세상의 관계에 관한 믿음들이 포함된다. 마지막으로, 신학자의 진정한 헌신에 내포된 믿음의 내용은 줄곧 그의 이론 고안 및 평가를 통제하는 역할을 해야 한다.

교의 신학자는 관례적으로 다른 일도 한다. 그는 자신 및 타인에게 그리스도인의 진정한 헌신을 구성하는 요소가 무엇인지를 결정하고자 한다. 내가 앞서 내비쳤듯이, 모든 그리스도인은 자신에게 진정한 헌신을 구성하는 요소가 무엇인지에 관한 견해를 **어느 정도** 가지고 있다. 따라서 신학자 특유의 일은 자신이 이 문제에 대한 견해를 가지고 있는 것이 아니라, 자신의 견해를 신중하고도 철두철미하게 발전시키는 것이다. 그리스도인의 진정한 헌신을 이루는 요소를 결정하는 이러한 행위는 하나님 및 하나님과 우리와 세상의 관계에 관한 이론을 고안하고 평가하는 것과는 원리상 다르다(또한 하나님 및 하나님과 우리와 세상의 관계에 대해 우리가 **생각**해야 하는 방식에 관한 이론을 고안하고 평가하는 것과도 원리상 다르다). 이러저러한 것이 하나님 및 그러한 관계와 관련하여 참이라고 주장하는 것과 이러저러한 것을 믿는 것이 진정으로 그리스도를 따르는 일에 본질이라고 주장하는 것은 상당히 다른 문제다. 진정한 헌신을 보여 주기 위해 자기 책에 있는 모든 것을 믿어야 한다고 하는 신학자는 극히 드물 것이다. 그러나 신학자의 이 두 활동은 밀접하게 관련된다. 왜냐하면 모든 사람의 진정한 헌신에는 하나님 및 하나님과 우리와 세상의 관계에 관한 견해들이 ─ 신학자가 논하는 바로 그 주제가 ─ 들어 있기 때문이다.

반복해서 말하자면, 신학자의 이중적 활동의 결과는, 누군가의 신학적 활동 과정에서 처음 형성된 명제가 나중에 자신 및 다른 이들에 의해 그들의 진정한 헌신에 내포된 믿음의 내용의 일부로 간주되었다는 것이다. 이런 식으로 개신교에서는 성경 무류성 이론이 자리 잡았다. 비슷하게 가톨릭에서는 실체변화(성변화) 이론이 자리 잡았다. 또한 분파적 개신교에서는 다양한 세대주의 이론이 자리 잡았다. 진정한 헌신으로 간주되는 것이 이렇게 바뀌는 기본 구조를 다루기 위해서 교의 발전에 관한 일반 이론들이 제시되어 왔다.[42]

이러한 점 특유의 위험을 강조할 필요는 없다. 간단히 말해 신학자는 사람들을 잘못된 길로 인도할 수 있다. 이러한 위험에 대처하기 위해, 어떤 사람들은 신학자의 이론이 그리스도인의 진정한 헌신에 내포된 믿음의 내용에 스며들지 않도록 촉구하면서, 이 둘 사이의 일반적 차이를 공식화하려고 하기도 했다.[43] 예를 들어, 사람들은

---

42 이 문제에 대한 개관으로는 다음을 보라. Peter Toon, "The Development of Doctrine," in *The Reformed Journal*, March 1973.

43 물론 이것은 자신의 신학 이론 중 어느 것도 애초에 자신이 동의한 믿음의 내용에서 취하지 않았음을 전제로 한다.

교의적 이론화 활동과 신앙 고백 활동을 구별하려 하면서, 교회가 가르치고 설교하는 활동을 후자에 국한하자고 제안한다.[44] 이제 두 활동 사이에 어떤 구별이 있어야 한다는 점은 분명하다. 그러나 구별이 가능하다는 사실로부터 신앙 고백과 교의적 이론화의 내용이 전혀 공유되지 않는다는 결론이 도출되지는 않는다. 이는 또한 신학자가 신학 활동의 과정에서 정형화한 명제가 누군가의 신앙 고백에 나타나지 않을 것이라는 귀결로 이어지지 않는다. 이론화와 고백 사이의 일반적 구분을 자기의식적으로 존중하더라도, 바람과는 달리 둘 사이의 상호 침투가 없는 것이 보장되지는 않는다. 내가 보기에 사실상 이런 보장을 얻기 위한 일반적인 전략은 없다. 어떤 신학자가 처음에 정형화한 명제가 이후에 자신의, 또는 다른 사람들의 진정한 헌신에 내포된 믿음의 내용으로 간주되는 것은 너무나 자연스러운 일이다. 또한 이러한 발전을 언제나 막아야 하는지도 내가 볼 때 분명하지 않다. 어떤 신학자가 자신의 활동 과정에서 자신과 다른 사람들의 진정한 헌신에 내포된 실제 믿음의 내용의 일부를 최초로 정형화하는 것이 가능하지 않은가?

44 아마 여기가 성경의 글들은 이론을 포함하고 있지 않으며 이 점에서 신학자들의 글과 다르다는 일반적 주장에 주목할 지점인 것 같다. 내 생각에, 이런 말을 하는 사람들은 성경의 글이 **제3자적이지**(disinterested) 않다고 흔히 주장한다. 성경의 글은 항상 실제적이고 종교적인 문제들을 언급하는 반면, 신학자들의 글은 일반적으로 제3자적이며, 문제가 참인지에만 관심이 있다. 이는 아마도 거칠고 간편한 일반화로서는 맞는 말일 것이다. 하지만 당연히 이론은 제3자적으로 생각해 볼 수도 있고 자기 자신을 얽어서 생각해 볼 수도 있다. 따라서 나는 사도 바울에게서 신학 이론을 발견한다는 말이 해롭지 않다고 본다(단, '이론'을 망설이며 주장한 것으로 정의하지 않는 한 그렇다. 나는 그렇게 정의하지 않는다).

성경 신학자들의 작업 결과 또한 그리스도인의 진정한 헌신에 속한다고 여겨지는 것과 자주 관련된다. 그 이유를 살펴보자. 성경 신학자는 성경의 글에 대한 해석을 제시하려 한다. 그렇게 하면서 해석 원리들, **해석학**의 원리들을 사용한다. 종종 그의 작업은 그러한 원리를 사용하는 것을 넘어, 자신이 올바른 원리라고 여기는 것을 정립하고 옹호하는 데까지 갈 것이다. 이제 해석을 제시하고 해석 원리를 정립하고 옹호할 때, 그리스도인으로서 헌신의 내용이 주로 데이터 믿음으로보다 통제 믿음으로 작용할 것이다. 그것은 자신의 이론 수용과 형성을 좌우할 것이다. 여기서 성경 신학자의 작업이 교의 신학자의 작업과 상당히 다르다는 것이 나타난다. 교의 신학자는 하나님 및 하나님과 우리와 세계의 관계에 관한 이론을 평가하면서, 자신이 진정한 헌신으로 여기는 것이 내포하는 믿음의 내용에 바로 이러한 문제에 관한 믿음들이 들어 있음을 발견하고 그러한 믿음을 데이터 믿음으로 취급한다. 그러나 **성경** 신학자가 자신의 이론을 평가할 때 데이터로서 관련이 되는 것은 하나님 및 하나님과 우리와 세계의 관계에 관하여 그가 믿는 바가 아니라 성경 기록의 내용에 관하여 그가 믿는 바다 — 예를 들어, 하나님에 대해 그가 믿는 바가 아니라, 하나님에 대해 **성경의 기록들이 무엇을 말하는지**에 대해 그가 믿는 바다.

물론 여기에는 중요한 추가적인 요소가 있다. 그리스도교 공동체가 이러한 성경의 기록을 그리스도를 따르는 사람들의 생각과 삶을 바르게 안내하는 것으로 여긴다는 점이다. 성경 속에서 그리스도인들을 안내해야 하는 것이 무엇인지는 **교의** 신학자가 논할 문제가 될 것이다. 교의 신학자가 무엇이 진정한 헌신을 구성하는지를 논하는 한 말이다. 하지만 교의 신학자의 결론이 무엇이든 간에, **성경** 신학자의 작업 결과는 그리스도인이 자신의 진정한 헌신에 내포된 믿음의 내용으로 간주하는 것에 영향을 미치지 않을 수 없다. 예를 들어, '영혼'에 관한 성경의 관점이 플라톤주의의 관점과 매우 다르다는 현대 성경 신학자들의 익숙한 주장은 진정한 헌신에 내포된 믿음의 내용과 관련하여 수많은 사람의 생각에 강력한 영향을 미쳤다—엄밀히 말하자면 플라톤주의에 관한 투박한 견해가 너무 오랫동안 널리 퍼졌기 때문이다. 하지만 성경 신학자의 **해석들**이 사람들의 진정한 헌신의 내용에 관한 견해에 수정만 가져온 것은 아니다. 때때로 신학자의 **해석학적 원리** 자체가 사람들이 자신의 진정한 헌신의 내용으로 간주하는 것의 한 부분이 되었으며, 그 결과 그러한 원리를 변경하자는 제안은 참된 신앙에서 떠나는 제안으로 간주된다.

성경 신학자의 작업이 이러한 영향을 미친다는 것은 종종 교의 신학자의 작업이 동일한 결과를 산출할 수 있다는 사실 만큼이나 경종을 울린다. 그러므로 성경의 명료성 교리는 흔히 그러한 수정 가능성을 막는 방어막으로 주장된다. 그러나 나는 그러한 수정을 막을 방법이 없다고 본다. 우리의 생각과 삶을 안내해야 하는 성경을 주의 깊게, 충실하게 읽는 것과 학술적으로 연구하는 것 사이에 어떻게 선을 그을 수 있는가? 우리는 성경을 읽으면서 어떤 해석학적 원리에 전적으로 헌신하고 있는 것은 아닌가? 그러한 원리가 우리

각자에게 통제 믿음으로 작용하고 있지는 않은가? 우리는 그러한 원리를, 우리가 진정한 헌신에 내포된 믿음의 내용으로 간주하는 것의 한 부분으로 삼고 싶은 유혹을 받을 수 있다. 하지만 우리는 그것에 대한 비판을 기꺼이 제기해야 하지 않을까? 특수한 경우에 위험이 있음에도 불구하고, 왜 일반적인 경우에도 그러한 발전을 막아야 하는가? 실제로 학자가 성경 기록에 관한 더 나은 해석과 더 나은 해석 원리를 제시할 수도 있지 않은가? 그리스도교 공동체에서 성경 기록의 역할을 고려할 때, 학자가 가진 이러한 역량이 우리의 진정한 헌신을 구성하는 것에 관한 우리의 견해에 영향을 미치지 말아야 하는가?[45]

---

45 내가 위에서 스케치한 방식으로 그리스도교 학문을 보면, **변증학**(신앙을 방어하는 것)이 신학자들에게 할당된 어떤 별개의 탐구 영역이 아님이 분명하게 보일 것이다. 행동주의를 거부하고 심리학적인 행위-이론(action-theory)을 널리 퍼진 행동-이론들(behavior-theories)에 대한 하나의 선택지로 이해하는 심리학자는 사실상 변증학에 종사하는 것으로 볼 수 있다. 과학 이론의 '보호 벨트' 구조에 관해 (앞에서 인용한) 라카토스가 말한 것과 비교해 보라.

13. 이론화가 헌신에 미치는 영향

어떤 사람이 자신의 믿음 체계 안에 양립할 수 없는 것—이 양립할 수 없는 것이 논리적 모순이든, 아니면 행동이 따라오지 못해서 발생한 더 약한 것이든—이 생겼다고 확신하게 되면 어떤 일이 벌어질까?

이런 경우 실제 반응은 다양하다. 그러나 책임 있는 방향은 양립할 수 없는 것이 사라지게 만드는 식으로 자신의 믿음을 수정하고자 노력하는 것이다. 앞에서 보았듯이 이러한 수정은 원리상 늘 여러 다양한 지점에서 생길 수 있다. 그리고 가장 좋은 수정 지점에 대한 확신이 있기까지 오랜 시간이 걸릴 수도 있다.

위 질문에 대해서 익숙하고 특별한 경우를 고찰해 보자. 그리스도인 학자가 과학의 결과물과 자신이 진정한 헌신에 내포된 믿음의 내용으로 여기는 것 사이에서 양립 불가능한 것을 발견한다면 어떤 일이 벌어질까? 수정 가능한 방향은 두 가지다. 과학의 일부 분야에 대한 재구성에 착수해야 할 정도로 자신의 과학적 견해를 수정할 수도 있다. 또는 진정한 헌신에 내포된 믿음의 내용을 구성하는 요소에 대한 자신의 견해를 수정하여, 실제 헌신까지 수정할 수도 있다. 이 중 어느 것이 더 나은지는 한동안 불분명할 수도 있다. 어느 쪽이 더 나은지가 명확해진 다음에도 자신의 수정 목표를 가장 잘 수행하는 방법은 여전히 불분명할 수 있다.

역사적으로 그리스도인들은 계속해서 후자를 선택해 왔다. 앞 장에서 보았듯이, 교의 신학과 성경 신학의 발전은 그리스도인들이 과학의 결과로 간주하는 것과 진정한 헌신에 내포된 믿음의 내용으로 간주하는 것 사이에서 양립 불가능한 것들을 거듭하여 낳았다. 이를 해결하기 위해 진정한 헌신을 구성하는 요소에 대한 자신들의 관점을 수정하는 전략을 거듭하여 채택했다. 그리스도인들은 자신들의 헌신을 신학적 과학의 결과들과 **조화시키는** 과정을 따랐다. 이 요지를 일반화할 수 있다. 일반적으로 과학의 발전은 무엇이 진정한 헌신을 구성하는지에 관한 사람들의 견해를 수정하게끔 하였고, 이에 따라 그리스도인의 실제 헌신을 수정하게끔 했다. 극단적인 경우, 사람들은 그리스도인으로서의 헌신을 완전히 포기했다. 덜 극단적인 경우, 헌신의 내용을 일부 수정하여 양립 불가능한 점을 해결했다. 그리고 양립 불가능한 부분을 해결하는 수정은 원리상 언제나 다양한 지점에서 이루어질 수 있다.[46]

---

[46] 과학의 발전이 실제 헌신을 수정하게끔 한 변화의 역사적 예들에 관한 논의로는 다음을 보라. Richard Popkin, "Scepticism, Theology and the Scientific Revolution in the Seventeenth Century," in Lakatos and Musgrave (eds.), *Philosophy of Science* (Amsterdam, 1968).

대처 과정은 이런 식이었다. 적어도 가끔은 이런 식이어야 했었다는 점은 의심할 여지가 없어 보인다. 그리스도인 학자가 과학의 결과로 간주하는 것과 진정한 헌신에 내포된 믿음의 내용으로 간주하는 것 사이의 양립 불가능한 지점은 때때로 후자에 관한 믿음을 수정함으로써 해결하는 게 최선일 수 있다. 그리스도인이 자신의 진정한 헌신에 내포된 믿음의 내용을 구성하는 것과 관련하여 틀렸을 수 있기 때문이다.

지금까지 나는 학문 연구를 수행하는 그리스도인은 진정한 헌신에 내포된 믿음의 내용이 자신의 이론 평가를 통제하는 역할을 하게 해야 한다는 점을 강조했다. 그러나 여기서 강조하는 것은 거의 정반대다. 때때로 그리스도인 학자는 과학의 발전을 통해, 자신이 그리스도인의 진정한 헌신으로 **생각하는 것**에 수정이 일어나게 해야 한다. 우리의 처음 예로 돌아가 보면, 종교재판소는 천동설이 진정한 헌신에 속하는 것으로 보았다. 나는 그 판단이 틀렸다고 생각한다. 이제 사실상 모든 그리스도교 공동체가 그 판단이 틀렸다고 생각한다. 우리 모두가 우리의 믿음을 수정했지만, 모두가 결코 같은 시점에 수정하지는 않았다. 원래 수정을 유발한 것은 천문학과 물리학의 발전이다. 따라서 과학의 발전이 적어도 우리 중 일부가 그리스도인의 진정한 헌신을 구성하는 것과 관련하여 더 나은 견해를 갖게끔 설득한다고 결론 내려야 한다—만일 당신이 (나처럼) 수정 중 적어도 일부가 더 나은 견해를 구성한다고 추정한다면 말이다.

때때로 이론과 헌신의 관계는 이론을 고안하고 평가하는 것이 자신의 헌신에 영향을 미칠 수 없어 보이도록 기술된다. 종교적 믿음을 **전**(前)이론적이라고들 한다. 종교적 믿음이 이론 고안과 평가를 형성할 수 있더라도 이론이 우리의 믿음을 형성할 수는 없다는 것이다. 그런데 이는 실제로 틀린 말 같다. 사상의 역사에는 진정한 헌신을 구성하는 것이 무엇인지에 관한 누군가의 관점이 이론의 발전에 비추어 수정된 사례가 가득하다.

우리는 신학의 발전이 헌신을 구성하는 요소에 관한 견해에 거듭 수정을 가해 왔다는 점 때문에 그리스도인들이 불안해한 것을 보았다. 물리학과 심리학의 발전이 그러한 수정을 가했다는 점에 크게 불안해한다. 그래서 우리가 봤듯이, 사람들은 미래에 자신과 자신들의 특수한 작은 집단에 그러한 수정이 일어나지 않도록 노력해 왔다. 나는 그러한 시도가 가망이 없다고 본다. 수정이 일어나는 것을 막을 방도가 없다. 나는 그러한 시도가 오도된 것이라고도 생각한다. 내가 그러한 발전에서 그리스도께 헌신하는 것에 대한 위험을 가장 작게 보는 사람에 속하더라도, 그러한 수정 중 일부가 정당하다는 점은 아무도 부인할 수 없다. 그리스도인들은 무엇이 진정으로 그리스도를 따르는 것의 구성 요소인지에 대해 오해해 왔다. 그리고 때로는 과학의 발전을 통해 자신들의 오해를 깨닫게 되었다. 진정한 헌신이 우리가 이론을 고안하고 평가할 때 통제하는 역할을 해야 하지만, 그러한 활동은 그 안에 무엇이 우리의 진정한 헌신을 구성하는지에 대한 우리의 견해에 수정을(따라서 우리의 실제 헌신에 수정을) 유발할, 그리고 **정당하게** 유발할 잠재력을 영원히 지니고 있을 것이다.

나는 지금까지 과학 발전이 우리의 실제 헌신에, 그리고 진정한 헌신을 구성하는 요소에 관한 우리의 견해에 유발한 수정에 관해 이야기했다. 그리고 그러한 수정 중 일부가 정당하게 유발된 것이라고 했다. 자연스럽게 머릿속에 떠오르는 물음은 과학적 발전이 진정한 헌신에 변화를 가져올 수 있는지 여부다. 과학의 발전이 그리스도를 따르는 것이 어떻게 실현**되어야** 하는가에 변화를—해야 하는 것과 믿어야 하는 것에 변화를—가져올 수 있을까? 나는 이것이 궁극적으로 불안한 가능성이라 생각한다. 하지만 그 대답은 '그렇다'여야 한다고 생각한다. 예를 들어, 수은이 물고기 안에 축적되는 방식과 그 물고기를 섭취했을 때 인간 생체에 영향을 미치는 방식에 대해 현재 우리가 알고 있는 것에 미루어볼 때, 그리스도인으로서 우리가 우리의 믿음과 일관성을 유지하려면 수은이 강에 흘러가게 하는 것을 중단하는 것이 맞을 것이다. 만일 우리가 달리 행동한다면 우리의 진정한 헌신에서 벗어나는 것일 수 있다.

학자는 자신의 사상 노선이 앞으로 자신을 어디로 이끌지 완전히 알 수 없다. 그리스도인이 학문을 연구한다는 것은 자신의 실제 헌신을 수정하고, 자기 신념을 자세히 살피고, 더 이상 통제 작용을 할 수 없는 위치에서는 어떤 신념을 폐기하는 고통스러운 과정에 이를 수도 있는 행동 방침을 취하는 것이다.[47] 이는 실제로 자신의 진정

---

[47] 이 과정의 일환으로 종종 발생하는 일은, 무엇이 더 본질적이고 무엇이 덜 본질적이며, 무엇이 더 핵심에 가깝고 무엇이 더 주변적인가 하는 측면에서 학자는 자신의 헌신에 내포된 믿음의 내용을 부득이하게 **구조화**하게 된다.

한 헌신이 변화를 겪는 지점으로 이어질 수도 있다. 우리는 모두 심히 **역사적인** 피조물이다.

14. 신앙은 지식의 조건인가?

이론 고안 및 평가와 그리스도인의 헌신의 적절한 관계에 관해 내가 제시한 이론은 분명히 상보주의적 이론이 아니다. 진정한 헌신에 내포된 믿음의 내용은 토대적 확실성에서 도출될 수 있는 것에 그저 보충적 진리를 제공하는 것으로 보이지 않는다.

그러나 우리의 이론이 명백히 전조건주의적인 것도 아니다. 그리스도를 따르는 이가 된다는 것, 진정한 헌신을 보이는 것, 그 헌신에 내포된 믿음의 내용이 이론 고안과 평가에서 통제 작용을 하게 하는 것이 완전히 포괄적이고 정합적이며 일관적이고 참된 과학 이론 체계에 이르기 위한 전조건들인지는 분명하지 않다. 한 그리스도인의 통제 믿음을 만족시키는 이론이 다른 비그리스도인의 통제 믿음도 만족시킬 수 있다는 것을 우리가 보았듯이 말이다. 거짓된 통제 믿음을 사용하더라도 참된 이론이 나올 수 있다. 전조건주의는 한 사람의 헌신과 이론 고안 및 평가 사이에 어떤 내적 관계가 있어야 한다는 점에서는 맞지만, 그 관계는 참된 신앙이 참된 연구의 조건이라는 단순한 관계가 아니다. 참된 신앙이 약간 변형된 것이 어쩌면 적합할 수도 있다.

당연히 진정한 헌신을 드러내는 사람이 그로써 전적으로 만족스러운 이론 체계에 도달한다는 **보장**도 없다. 사실 우리 중 그 누구도 진정한 헌신을 나타내지 못한다. 그러나 설령 누군가 그러한 헌신을 나타내더라도, 양자택일적으로 상충하는 다양한 이론들이 동시에 그 헌신이 내포하는 믿음의 내용과 조화되고 일관적일 수도 있다. 게다가 우리는 모든 이론이 진정한 헌신에 내포된 믿음의 내용에서 간단히 추출될 수 없음을 보았다. 수많은 이론은 그것을 얻기 위해서 상상력을 발휘하여 고안해야 한다. 그런데 여기에 필요한 상상력이 진정한 헌신을 보이는 사람에게 부족할 수도 있다. 게다가 진정한 헌신에 내포된 믿음의 내용에 속하는 것이 모두 사실이지는 않을 수도 있다. 하나님께서 우리가 믿기를 바라시는 것 중 일부는 그의 '아이들'인 우리가 믿기에 적합하고 적절할 수 있지만, 엄밀하게 말해서 거짓일 수도 있다. 잘 모르긴 하지만 이는 우리 인간의 목적에 완전히 충분한 것이더라도 엄밀히 말해서 거짓인 이론으로 이어질 수도 있다.

내 생각에는 비그리스도인들은 단지 비그리스도인이라는 이유만으로 역사적으로 이론 발달에 없어서는 안 될 역할을 해 왔다고도 할 수 있다. 비그리스도인들은 그들이 그리스도교로 알고 있었던 무언가에 반대하면서 때때로 유익하고 중요한 것으로 판명된 사유 노선을 탐구해 왔다. 내가 이해한 바로는, 초기 단계의 진화론은, 자신들이 보기에 그리스도인의 진정한 헌신에 본유적인 것을 반대하는 학자들에 의해 주로 발전하였다. 뒤돌아보면, 그리스도인의 헌신과 진화론의 요소들을 조화시킨 사람들은 초기 이론가들이 진정한 헌신에 본유적인 것에 관하여 잘못된 판단을 했다고 말할 수 있다. 초기 이론가들이 아마도 그런 것 같다. 하지만 그 당시에도 이미 이렇게 조화시킬 수 있었고 초기 진화론이 당대의 그리스도인 학자들에 의해서 발전되었을 가능성도 컸다는 주장으로 간다면 잘못일 것이다. 이는 **논리적**으로 가능할 수 있지만, **역사적**으로는 불가능해 보인다. 여기에 필요한 동기가 없었다. 다시 말하자면, 행동주의자는 인간에게서 동물과 동류를 이루는 부분, 즉 자극에 대한 반응과 조작적 조건 형성에 대한 감수성에 주의를 집중했다. 그러나 인간 본성의 동물적 측면은 전통적으로 그리스도인에게 수치스럽고 불쾌한 것이었고, 그들이 집중하고 싶지 않은 것이었다. 따라서 그리스도인들이 행동주의 이론에서 참인 것을 발전시킬 수도 있었다는 논리적 가능성은 있지만, 역사적 가능성도 있을지는 의심스럽다. 반복하자면 여기에 필요한 동기가 없었다.

그리스도인과 비그리스도인은 모두 역사 속에서 하나님의 목적을 성취한다.

15. 답하지 않은 몇 가지 문제

우리의 이론에 매우 중요한 두 가지 문제는 여기서 논할 수 없다.

첫 번째는 성경과 관련되는데 다음과 같은 두 가지 큰 물음으로 이루어진다. 성경은 어떻게 해석되어야 하는가?(해석학의 문제). 성경은 그리스도인 학자의 작업에 어떻게 작용해야 하는가?(권위의 문제).

우리가 이제까지 봤듯이, 그리스도인 학자는 성경이 그리스도를 따르기로 헌신한 모든 사람의 삶과 생각을 안내해야 한다고 주장하는 공동체의 일원이다. 따라서 공동체의 다른 모든 구성원과 마찬가지로 학자도 진정한 헌신에 내포된 믿음의 내용을 결정하기 위한 안내를 성경에서 받아야 한다. 그런데 얼마나 자세하게 안내받을까? 해석학적 문제를 해결하더라도 이 어렵고 복잡한 문제는 남아 있다.

이 어려움의 근원은 몇몇 성경 저자가 말한(또는 상정한) 모든 것을 믿어야 한다고 실제로 믿는 사람이 아무도 없기 때문이다. 예를 들어, 이 글을 읽는 사람 중에 아무도 지구가 평평하고 네 모서리로 되어 있다고 믿어야 한다고 보지 않는다. 이것이 몇몇 성경 저자들이 상정하고 있는 바가 확실한데도 말이다. 그런데 정말 이렇게 말하고 있거나 상정하고 있다면, 다른 말이나 다른 상정하고 있는 것은 규범으로 받아들이는데도 왜 이것은 규범으로 받아들이지 않는가? 성경에서 말하거나 상정하고 있는 것이 진정한 헌신에 내포된 믿음의 내용에 대한 규범인지 아닌지를 어떻게 결정하는가?[48]

둘째, 우리는 특정 시점의 누군가의 믿음을 고려할 때 받아들이거나 받아들이지 않는 것이 보증되는 어떤 이론들이 있는지에 관한 규범적 문제를 전혀 논하지 않았다. 많은 사람이 토대주의의 붕괴로부터 그러한 보증된 행위가 없다—즉, "다 그게 그거다"—고 결론 내렸다. 나는 동의하지 않는다. 이 논의 전반에 걸쳐 나는 받아들이거나 받아들이지 않는 게 보증되는 어떤 이론들이 있음을 전제해왔다. 나는 학자가 **해야 하는** 일에 대해 여러 번 이야기했다. 그러나 여기서 이에 관한 논증을 시도하는 것은 내가 다룰 범위를 훨씬 넘어설 것이다. 간단히 말하자면, 토대주의의 붕괴를 고려할 때, 내가 앞서 했던 것처럼 쟁점을 표현해야 한다. 즉, **이러저러한 믿음 체계가 주어지면,** 이론 T를 받아들이는 것이, 혹은 받아들이지 않는 것이 보증되는가? 보증은 신념 체계와 관련되어야 할 것이다. 확실성의 체계와 관계될 수는 없다.

---

48   나는 이 문제 중 일부를 다음 글에서 논했다. "Canon and Criterion," in *The Reformed Journal*, Oct. 1969; 또한 *The Reformed Journal*, March 1970에 실린 편지들에 대한 대답을 보라.

믿음 체계 B가 주어졌을 때 이론 T를 받아들이는 게 보증되는지 여부에 관한 규범적 물음은, T를 받아들이거나 T를 받아들이지 않는 것이 이론 고안 및 평가의 궁극적 목표에 기여할 것인지 여부에 관한 **추후발견적**(heuristic) 물음이라 할 수 있는 것과 구별되어야 한다. 나는 이 궁극적 목표가 칸트가 제안한 것—참된 이론들의 일관적, 정합적(즉 임시방편이 아닌), 포괄적 체계—과 거의 같다고 생각한다. 때로는 어떤 분야의 이론가들이 받아들이는 게 보증되는 어떤 이론을 거부했다면 이 목표가 더욱 **빠르게** 진전되었을 수도 있다. 화학자들이 플로지스톤설을 완전히 포기했다면 이론화의 목표가 더 **빠르게** 진전되었겠지만, 아마도 한때 플로지스톤설을 여전히 받아들이는 게 현저히 보증되었을 것이다.

우리가 무엇이 이론화의 목표를 방해했고 무엇이 진전시켰는지 말할 수 있는 것은(말할 수 있다면) 오로지 뒤를 돌아보았기 때문이다. 당시에 우리가 확신을 가지고 대답할 수 있는 것은 아예 문제가 아니다. 따라서 규범적 문제와 추후발견적 문제를 혼동한다면—내가 보기에는 여러 현대 사상가들이 그랬다—보증의 문제는 사실상 제기할 가치가 없는 문제라는 회의적인 결론에 자연스럽게 도달할 것이다.

지나고 나서 이론화의 목표를 진전시킨 개별 사건과 방해한 개별 사건을 골라낼 수 있더라도, 여기서 우리가 **일반적인 추후발견**을 공식화할 수 있다는 게—이론화의 목표에 도달하는 가장 효율적인 방법이 무엇인지 항상 알려 주는 전략이—도출되지는 않는다. 오히려 인간의 약점, 어리석음, 취약함이 매우 놀랍도록 계속되는 것이 실제로 이론 성장에 기여해 온 것으로 보인다. 라카토스가 제안했듯이, 이론화의 진전을 가장 효율적으로 이끄는 것은 **집요하게 고수되는 이론의 확산**이라는 게(확산 또는 집요함의 동기가 무엇이든 간에) 아마도 맞는 것 같다. 하지만 이는 기껏해야 매우 거친 일반화에 불과하다. **얼마나** 집요해야 하나? 그리고 **얼마나** 확산되어야 하나?

우리가 일반적인 추후발견을 공식화할 수 없더라도 이론화의 목표를 진전시킨 사건과 방해한 사건을 분간할 수 있는 것처럼, 이론 수용과 비수용에 관한 **일반 규범**을 공식화하지 않고서도 어떤 이론의 수용이 보증되는 사건과 비수용이 보증되는 사건을 분간할 수 있다. 우리가 일반 규범을 찾아서 공식화하지 못한다고 해서 일반 규범이 없다거나, 어떤 이론을 수용하거나 수용하지 않는 것이 보증되는지 여부를 결코 알 수 없다거나, 보증 개념이 이론 수용 및 비수용에 전혀 적용되지 않는다는 회의적인 결론들을 당연히 내려야 하는 것은 아니다.

그리고 덧붙일 것이 있다. 이론의 수용과 비수용이 적어도 때때로 보증되는지 여부에 관한 이론 자체도 그 이론을 고안한 사람의 통제 믿음에 영향을 받은 것이다. 우리는 이 시점에서 어떤 토대로 비약하여 되돌아갈 수 없다. 사람들은 다른 문제보다 이 문제에서 더 이상 의견이 일치하지 않는다. 나 자신은 인간이 존재하는 내내 책임 있는 행위자라고 확신한다. 나는 이것이 그리스도인으로서 나의 진정한 헌신의 한 요소라고 본다. 그리고 이 점이야말로 때로는 어떤 이론을 수용하는 게 보증되고 또 때로는 어떤 이론을 수용하지 않는 게 보증된다는 확신으로 나를 이끈다.

16. 탐구 프로그램을 제안하는 이론의 필요성

우리는 이론의 고안과 평가에 관심을 집중해 왔다. 이미 언급했듯이, 이론과 관련하여 수행하는 행동이 이것들만 있는 것은 아니다. 과학에서 일어나는 일에 관한 적절한 이해에 도달하려면 탐구 프로그램을 제안하고 안내하는 이론의 기능에 대해서도 논해야 한다. 과학자들은 이론을 고안하고 평가하는 것보다 이론이 제안하는 탐구 프로그램을 계속해 나가는 데 실제로 더 많은 시간과 에너지를 소비할 수도 있다.

그러나 '신앙과 학문을 통합'하려는 그리스도인 학자들의 시도가 과학에서 탐구 프로그램을 제안하는 경우는 거의 없다. 나는 이것이 그리스도인 학자들이 어떻게 자신의 헌신이 이론 평가와 관련될 수 있고 또 그러해야 하는지를 보지 못하거나 상상력이 약하다는 신호라고 생각한다. 생물학 과정을 시작할 때 하나님께서 모든 생물학적 실재를 창조하셨다는 취지의 언급을 하는 것은 제안하는 바가 아무

것도 없다. 어떤 생물학 연구 프로그램에서든 말이다. 이는 그저 내가 앞서 "그리스도교의 맥락 안에 놓는 것"이라고 불렀던 것으로 이루어져 있을 뿐이다.

다른 면에서는 흥미로운 에세이인 도로시 세이어즈의 「그리스도교 미학을 향하여」(Letters to a Diminished Church)[49]에 대해서도 비슷한 비판을 해야 한다. 세이어즈는 그리스도교 미학에 호소한 다음, 그리스도인이 무엇보다 예술에서 보는 것은 하나님과 인간의 창조 활동 사이의 유비라고 주장한다. 그 유비는 하나님이 자신을 형상으로 표현하시는 것처럼, 예술가도 자신을 형상으로 표현한다는 것이다. 이 제안이 사실이더라도, 심각한 결함이 있다. (내가 아는 한) 아무런 도움도 되지 않는다는 것이다. 이는 예술 내에서 어떠한 탐구 방향도 제시하지 않는다. 어떤 연구 프로그램으로도 이어지지 않는다.

그리스도교 학문은 그리스도인 학자가 진정한 헌신의 통제 아래 유망하고, 흥미롭고, 유익하고, 도전하는 탐구 방향으로 이어지는 이론을 고안하기 전까지는 형편없고 시시하며 주목할 만한 가치가 거의 없을 것이다.

---

49 *Christian Letters To A Post-Christian World* (Grand Rapids, 1969), pp. 69 이하.

17. 도전

이 책에서 옹호하는 그리스도인 학자의 비전을 구현하는 작업은 충실한 재생산자들의 일이 아니다. 오히려 유능하고, 상상력이 풍부하며, 용감한 학자라는 자질이 요구된다. 이론 발전에 기여하려면 때때로 학계에서 확립된 것을 거스르는 그러한 자질이 분명히 필요하다. 하지만 마찬가지로, 자신의 진정한 헌신에 내포된 믿음의 내용 중 일부가 이론 발전의 특정 부분에서 통제하는 기능을 하고 있어야 한다는 것을 식별하는 일에도 그러한 자질이 요구된다. 연관성이 항상 떠오르지는 않기 때문이다. 자신의 진정한 헌신에 내포된 믿음의 내용은 놀랍도록 풍부하고 복잡한 구조이며, 따라서 헌신과 이론의 어떤 연관성을 선배들과 마찬가지로 자신도 놓쳤다는 것을 거듭 발견하게 된다.

나는 우리가 그리스도인의 헌신의 어떤 측면과 이론 고안 및 평가의 관련성을 놓치는 두 가지 특별한 이유가 있다고 생각한다. 첫 번째는 20세기 그리스도인들이 세상을 그리스도교적인 것으로 보지 않는다는 것이다. 우리 특유의 사고방식은 그리스도교적 사고방식이 아니라 과학적 세계관이 초래한 사고방식이다. 아마도 한때는 그렇지 않았을 것이다. 한때 사람들은 역사에서 일어나는 사건을 자연스럽게 하나님과 인간이 마주친 것으로 보았을 것이다. 그러나 지금 우리에게는 그리스도인의 헌신에 내포된 믿음의 내용이 우리 자신에게 끊임없이 상기시켜야 하는 것이 되었다. 이는 우리에게 인식의 문제라기보다 결정의 문제다. 왜냐하면 그러한 믿음의 내용은 우리에게 일어난 일을 보기 위한 안경 기능을 하지 않기 때문이다.

또한 우리 중 대다수가 그리스도교 신학과 그리스도교 철학에 대해 너무 조금밖에 알지 못한다. 결과적으로 우리는 진정한 헌신의 **패턴**과 그것의 광범위한 영향을 보지 못한다. 우리는 조각과 단편을 볼 뿐이고, 이론 고안 및 평가와 그리스도인의 헌신의 완전한 관련성을 놓친다. 혹은 우리의 학문 연구가 별난 것이 되어 버린다. 우리는 우리의 진정한 헌신에 내포된 믿음의 내용을 오해하고 잘못 해석하고, 강조점을 엉뚱한 데 두고, 구조를 변경하고, 왜곡한다. 그리스도교 신학과 그리스도교 철학이 건강하고 튼튼한 상태에 있지 않거나 그 결실이 학자들 사이에서 널리 퍼지지 않는 곳에 있다면, 그 밖의 그리스도교 학문이 견고하고 활기찰 수 있다는 희망을 품기가 어렵다. 그리스도교 철학과 신학이 중심에 있는 이유는 그것들이 오류가 없기 때문이 아니라(오류가 있다는 것은 명백하다), 그리스도인 학자가 체계적인 자기 성찰에 참여하는 것이 이 두 분야이기 때문이다.

II

이론과 실천

Theory and Praxis

18. 샬롬을 위한 학문

모든 학자는 두 가지 근본적인 결정 과정에 직면한다. 먼저 학자들은 어떤 문제를 탐구할지 결정해야 한다. 그리고 탐구 중인 문제에 관하여 어떤 견해를 취할지 결정해야 한다. 이 책 I부에서 나는 이 두 문제 중 후자에 관한 그리스도교 신앙의 영향을 다루었다. 이제 나는 전자에 관한 그리스도교 신앙의 영향을 다루려 한다. 순수 이론 vs 실천 지향적 이론 논쟁에 특히 주의를 기울이면서 말이다.

그리스도교 전통 깊숙한 곳에는 우리 각 사람이 관심의 중심을 자신에게 두어서는 안 되고 삶을 다해서 하나님을 사랑하고 섬기며 마찬가지로 내 몸과 같이 이웃을 사랑해야 한다는 확신이 있다. 또한 하나님께서 우리를 두신 창조 세계에서 각 사람이 책임 있는 청지기가 되어야 한다는 확신을 여기에 덧붙일 수도 있다. 범사에 하나님을 사랑하고 섬기며, 이웃을 내 몸과 같이 사랑하며, 자연 세계에서 책임 있는 청지기가 되는 것—그리스도교 공동체에서 권위 있는 성경은 이것들을 인류의 근본 의무로 분명히 선언하고 있다.

그리스도교 전통 깊숙한 곳에는 또한 인류에 대한 하나님의 근본적 태도가 사랑이라는 확신이 있다. 하나님께서 인간 실존에 두신 목표는 하나님이 우리에게 요구하시는 섬김, 사랑, 청지기 직분과 밀접하게 연결되는 것으로 보인다. 온 삶을 다해 하나님을 사랑하고 이웃을 내 몸과 같이 사랑하고 자연 세계에서 책임 있는 청지기 역할을 할 때 경험하는 것에서 인간의 성취를 발견할 것으로 보인다. 하나님이 자신, 이웃, 자아, 자연과 관련하여 우리에게 이렇게 행하라고 명하심으로써 인간 성취라는 하나님의 대의(大義)에 참여하도록―세상에서 하나님의 대리자가 되도록―명하시는 것으로 보인다. 그리고 나는 그리스도교의 성경이 참으로 인간의 자리를 이렇게 제시하고 있다고 판단한다.

하지만 그리스도교 전통 안에서는 하나님이 인간의 책임으로 설정하신 것과 하나님이 역사에서 일하시는 목표로 설정하신 것을 연결하는 일을 이상하게 꺼리고 있다―심지어 거부하기도 한다. 이를테면 웨스트민스터 신학자들은 인간 책임의 근본적 성격에 관해 내가 말한 것에 반대하지는 않겠지만, 그들이 작성한 교리문답에서 그들은 사람의 목적이 하나님을 알고 그를 영원토록 즐거워하는 것이라고 말했다. 이 서술에서, 자연과 이웃이 그림에서 사라졌음을 주목하라. 또 다른 예로 아퀴나스를 보더라도 기본적으로 상황이 다르지 않다. 그 역시 내가 인간 책임의 구조에 관해 말한 것에 반대하는 않을 것이다. 그러나 그가 인간 실존의 목표로 간주한 베아티투도(*beatitudo*〔행복〕)는 웨스트민스터에 모인 높은 칼뱅주의자들(high Calvinists)이 하나님을 알고 기뻐하는 것이라는 말로 의미한 바와 본질적인 특징에서 전혀 다르지 않다.

나는 이미 인류를 향한 하나님의 목표에 관한 그리스도교 성경의 선언이 다르다고 제안했다. 나는 내가 판단한 그 목표가 무엇인지 말하고자 한다. 하지만 그러기에 앞서, 그 목표에 **회복**(renewal)의 성격이 있음을 언급해야겠다. 우리 인간의 상황은 사랑하시는 어떤 신(神)이 자신과 사회에 이미 작용하고 있는 모든 풍조를 더 온전하게 발전시키려고 하는 식의 상황이 아니다. 그러한 풍조 대부분은 하나님과 자신과 이웃을 사랑하는 것과 정반대의 결과로 이어진다. 박탈과 억압으로 이어진다. 그래서 새로워지는 회복이 필요하다.

'하나님께서 인간이 기여하도록 부르신 인간 실존의 목표는 무엇인가?'라는 물음에, 오늘날 제3세계에 있는 우리의 여러 형제자매와 제1세계 및 제2세계에서 억압받는 구성원들은 '해방'이라고 말할 것이다. 세상에서 하나님의 대의는 전부 **해방**에 관한 것이며, 당신과 내가 우리 자신을 헌신해야 하는 것이 해방이다. 나는 그들이 왜 이렇게 말하는지 잘 이해할 수 있다. 그럼에도 나는 이것이 적절한 대답으로 보이지 않는다고 말해야 한다. 왜냐하면 "그러면 해방 뒤에는 목표가 무엇인가?"라는 대답되지 않는 문제가 남기 때문이다.

나는 그리스도교 성경에서 바로 접할 수 있는 개념이 인간 실존에 대한 하나님의 목표를 설명하기에 더 낫다고 제안한다. 인정하건대 이는 그리스도교 전통에서 단지 주변적인 관심으로만 향유되어

온 개념이다. 하지만 내가 보기에 주목할 만한 가치가 있는 개념이다. 내가 염두에 두고 있는 개념은 **평화** 개념이다―히브리어로는 **샬롬**(*shalom*), 그리스어로는 **에이레네**(*eirenē*).

인간 실존의 목표는 인간이 모든 관계에서 평화롭게 거하는 것이다. 하나님과의 평화, 자기 자신과의 평화, 동료들과의 평화, 자연과의 평화는 단순히 적대감이 없는 상태뿐만 아니라(물론 이런 것이 평화이긴 하지만), 평화가 극에 달했을 때 **기쁨**인 평화다. 샬롬 안에 거한다는 것은 하나님 앞에서 사는 삶을 즐기는 것이며, 자연 속에서 사는 삶을 즐기고, 동료들과 함께 사는 삶을 즐기고, 자기 자신과 더불어 사는 삶을 즐기는 것이다. 샬롬의 조건 하나는 정의이고, 정의의 구성 요소 하나는 억압으로부터의 해방이다. 정의 없이는 샬롬도 있을 수 없다. 그러나 샬롬은 정의 이상의 것이다. 정의는 엄격하고 매서울 수도 있지만 샬롬에는 기쁨이 있다.

성경 저자 중 정의에 대해 가장 단호하고 매섭게 말하는 이들이 예언자지만 또한 샬롬에 대해 가장 구체적으로, 명시적으로 말하는 이들도 예언자라는 사실은 놀라운 점이다. 이사야는 하나님께서 다음과 같이 말씀하시는 것을 듣는다.

> 그때에는 광야에 공평이 자리 잡고,
> 기름진 땅에 의가 머물 것이다.
> 의의 열매는 평화요,
> 의의 결실은 영원한 평안과 안전이다.

나의 백성은 평화로운 집에서 살며,

안전한 거처, 평온히 쉴 수 있는 곳에서 살 것이다.

이사야 32:16-18

그리고 아주 유명한 구절에서, 이사야는 동물들 사이의 조화, 사람과 동물 사이의 조화 등 다양한 조화의 이미지로 샬롬에 대한 기대를 묘사한다.

이새의 줄기에서 한 싹이 나며

그 뿌리에서 한 가지가 자라서 열매를 맺는다.

주님의 영이 그에게 내려오신다.

지혜와 총명의 영,

모략과 권능의 영,

지식과 주님에 대한 경외의 영

…

그때에는 이리가 어린 양과 함께 살며,

표범이 새끼 염소와 함께 누우며,

송아지와 새끼 사자와 살진 짐승이 함께 풀을 뜯고,

어린아이가 그것들을 이끌고 다닌다.

암소와 곰이 서로 벗이 되며,

그것들의 새끼가 함께 눕고,

사자가 소처럼 풀을 먹는다.

젖 먹는 아이가 독사의 구멍 곁에서 장난하고,

젖뗀 아이가 살무사의 굴에 손을 넣는다.

이사야 11:1-2, 6-8

이사야가 말한 저 싹은 천사들이 그 탄생을 축하하며 노래한 그
분이다. "더없이 높은 곳에서는 하나님께 영광이요, 땅에서는 주님
께서 좋아하시는 사람들에게 **평화**로다"(눅 2:14). 그분은 제사장 사
가랴가 말한 "우리의 발을 **평화**의 길로 인도하실"(눅 1:79) 그분이다.
시므온은 그분에 대하여 "주님, 이제 주님께서는 주님의 말씀을 따
라 이 종을 **평화**롭게 떠나가게 해주십니다"(눅 2:29) 하고 말한다. 베
드로는 그분을 통해 하나님께서 이스라엘에 "**평화**의 복음"을 전하
셨다고 말한다(행 10:36). 바울은 유대인으로서 이방인에게 "그분은
오셔서 멀리 떨어져 있는 여러분에게 **평화**를 전하셨으며, 가까이
있는 사람들에게도 **평화**를 전하셨습니다"라고 말한다(엡 2:17). 그는
예수 그리스도, 곧 이사야가 "**평화**의 왕"이라고 부른 분이다(사 9:6).

나는 학자의 활동이 정당화되려면 궁극적으로 샬롬-안의-정의
라는 대의에 학문이 기여하는 데서 그 정당성을 찾아야 한다고 제
안한다. 학자의 소명은 다른 모든 사람의 소명과 마찬가지로 저 목
표를 위해 힘쓰는 것이다.

19. 이론화를 정당화하는 방식들

학자가 자신의 연구 방향을 결정하려 할 때 곧장 참여하는 논쟁은 **순수 이론** 지지자와 **실천 지향적 이론** 지지자 사이의 논쟁이다. 아마도 현대 세계의 사람들은 모두 **어느 정도** 실천을 지향하는 이론이 정당하다고 주장할 것이다. 그렇다면 논쟁점은 **오직** 실천 지향적인 이론만 허용할 수 있다고 시종일관 주장하는 사람들과, **어느 정도** 실천을 지향하는 이론의 정당성을 인정하면서도 순수 이론에 종사하는 학자가 많은 것이 중요하다는 데 공감하는 사람들 사이에 있다. (후자의 사람 중 다수는 실천 지향적 이론에 종사하는 이들이 학계에 들어오도록 허용하는 것이 위험하다고 계속해서 강조할 것이다.)

그런데 무엇이 순수 이론**인가**? 이에 상응하는 실천 지향적 이론은 무엇인가?

위르겐 하버마스는 이제 잘 알려진 프랑크푸르트 취임 강연(1965)에서 다음과 같이 말했다.

'이론'(theory)이라는 단어의 기원은 종교에 있다. '테오로스'(*theōros*)는 그리스 도시국가들이 공적인 축하 행사에 보낸 대표자다. 그는 '테오리아'(*theōria*)를 통해, 즉 바라보는 일을 통해 신성한 사건에 빠지게 된다. 철학 언어에서 '테오리아'는 우주에 대한 관조로 옮겨 간다. 이러한 형태에서 이론은 존재론의 토대인 존재와 시간 사이의 구분을 이미 전제하고 있다. 이러한 분리는 파르메니데스의 시에서 처음 발견되었고, 플라톤의 『티마이오스』에 다시 나타난다. 이는 변화와 불확실성이 제거된 영역을 '로고스'(이성)에 떼어 두고, 변화하고 사멸하기 쉬운 영역을 '독사'(억견)에 남겨 둔다. 철학자는 불멸의 질서를 볼 때 그 균형에 자신을 맞춰가지 않을 수 없다. 그는 자연의 움직임과 일련의 조화로운 음악과 자신 안에서 이 균형을 본다. 그리고 그는 미메시스(모방)를 통해 자신을 형성한다. 영혼이 우주의 움직임을 흉내 냄으로써 이론(theory)이 삶의 실천에 들어온다.[1]

내가 아는 한, 이론적 지식을 얻는 것 자체에 이론가의 성품을 향상하는 효과가 있다는 확신이 처음 등장한 것은 피타고라스 학파에서였다. 이는 이론적 지식 추구에 참여하는 것을 정당화한다. 따라서 우리는 이론적 지식 획득에서 내재적으로 발생하는 결과인 자기 향상과 관련된 이론 탐구의 정당화에 **피타고라스식 정당화**라는 이름을 붙일 수 있을 것이다.[2]

---

1   Jürgen Habermas, *Knowledge and Human Interests* (Boston, 1971), pp. 301-302. 『인식과 관심』, 강영계 옮김(서울: 고려원, 1983).

오늘날 많은 사람이 변형된 피타고라스식 정당화를 지지한다. 오늘날에는 이론가의 과업이 우주의 영원한 질서를 관조하고 관조한 질서를 모방하여 자기 영혼의 질서를 잡는 것이라고 주장하는 사람은 거의 없다. 그럼에도 학문은 결과 덕분이 아니더라도 방법론 덕분에 학문 수행자들을 편견에서 자유롭게 하고, 더 관용적인 인간이 되게 하고, '과학적' 기질을 갖게 한다고 할 수도 있다. 그리고 이는 매우 분명하게 피타고라스식 정당화의 변형으로 여겨질 수 있다. 이 변형에 따르면, 이론적 지식에 실제로 이르렀는지 여부는 전혀 중요하지 않다. 중요한 것은 추구다. 산물이 아니라 과정이 자기 향상을 산출해 낸다―내재적으로 산출한다.

하버마스는 취임 강연에서 근대 이전의 서구 역사에서는 이론 탐구에 관한 피타고라스식 정당화만이 발견된다고 강하게 제안한다. 그리고 하버마스 본인은 지식 상태가 아닌 다양한 목적을 달성하면서 얻은 결과의 유용성으로만 학문이 정당화된다고 주장하고 있으

---

2 누군가는 이러한 정당화가 실제로 피타고라스 학파에 귀속될 수 있는지 의문을 품을 수 있을 것이다. 나는 피타고라스 연구의 복잡한 사항들에 관한 전문가가 아니기에, 내가 할 수 있는 최선은 권위 있는 연구를 인용하는 것이다. 내가 아는 한 피타고라스 학파의 단편 중에서 여기서 언급한 정당화를 결정적으로 제시하는 것은 없다. 그러나 커크와 레이븐(Kirk & Raven)은 피타고라스에 속하는 일부 단편을 해석하면서 다음과 같이 말한다. "나중에 떨어져 나간 두 갈래를 하나로 묶는 중심 개념은 $\theta\epsilon\omega\rho\acute{\iota}\alpha$(관조), $\kappa\acute{o}\sigma\mu o\varsigma$(우주의 배열에서 발견되는 질서 정연함), $\kappa\acute{\alpha}\theta\alpha\rho\sigma\iota\varsigma$(정화)인 것 같다. 우주에―특히 천체의 규칙적 움직임에―드러난 질서의 원리를 관조함으로써, 그리고 그 질서에 자신을 동화시킴으로써, 인간 자신은 점차 정화되어 마침내 윤회에서 벗어나서 불멸을 얻는다." G. S. Kirk & J. E. Raven, *The Presocratic Philosophers* (Cambridge, 1963), p. 228.

므로, '순수 이론'을 옹호하는 사람들은 서구의 위대한 전통에서 벗어난 반면 자신의 입장은 서구의 위대한 전통에 충실하다는 점을 내비치기 위해 역사 이야기를 이용한 것이다. 내 판단에 이는 매우 선택적으로 역사를 읽은 것이다. 서구에는 똑같이 방대한 다른 전통도 있다. 즉 어떤 학문은 적어도 학문에서 흘러나오는 효과의 가치에 의해서만이 아니라, 학문의 결과인 인지 상태라는 내재적 가치에 의해 정당화된다는 것이다. 예를 들자면 두 가지로 아우구스티누스와 토마스 아퀴나스의 견해다. 편의상 이를 **아퀴나스식 정당화**로 부르자. 이는 인지적으로 도달한 상태 자체에 내재한 가치와 관련하여 이론 탐구를 정당화한 것이다.

특정한 인지적 의식 상태에 내재적 가치가 있다고 주장하는 사람이 그러한 모든 상태에 **동일한** 가치가 있다고 주장할 필요는 없다는 점이 중요하다. 어떤 상태는 다른 상태보다 더 가치 있을 수 있다. 아우구스티누스와 아퀴나스도 분명 이러한 견해를 가지고 있었다. 두 사람 모두 영원한 것을 아는 것이 현세적인(temporal) 것을 아는 것보다 더 가치 있다고 주장했다. 아우구스티누스는 이렇게 말했다. "그러므로 영원한 것에 관한 지적 인지는 지혜에 해당하나 현세적인 것에 관한 이성적 인지는 지식에 해당한다는 것이 지혜와 지식의 올바른 구별이라면, 어느 것이 더 존중되어야 하고 어느 것이 덜 존중되어야 하는지 판단하는 것은 어렵지 않다. … 전자가 후자보다 우선적이어야 한다."[3] 그리고 아퀴나스가 다음과 같이 말한 것에서 그가 이러한 사상 노선을 고수했음을 확인할 수 있다. "미덕의 종류와 관련하여 미덕의 위대함은 그 대상에서 나온다. 이제 지혜의 대상은 모든 지적 미덕의 대상을 능가한다. 왜냐하면 지혜는 지고의 원인이신 하나님을 고려하고…."[4]

인지적 의식 상태의 상대적 가치에 관한 이 문제에 대해 임마누엘 칸트가 제시한 것은 아퀴나스식 정당화의 한 가지 형태로 영향력을 얻게 되었다. 획득한 지식의 내재적 가치로 정당화되는 적어도 몇 가지의 이론적 지식의 추구와 관련하여 칸트는 확실히 아퀴나스의 편에 속했다. 또한 칸트도 내재적 가치가 있는 이론 체계 안에서 어떤 것은 다른 것보다 알 가치가 더 있다고 주장했다. 그러나 칸트는 알려진 것에, 지식의 **대상**에 우월성을 두지는 않았다. 특히 칸트는 하나님에 대한 지식이 하나님이 아닌 것에 대한 지식보다 우월하다고 주장하지 않았고, 일반적으로 초월적이고 영원한 것에 관한 지식이 현세적인 것에 관한 지식보다 우월하다고 주장하지도 않았다. 왜냐하면 칸트는 우리가 하나님에 대한 지식이나 초월적이고 영원한 것에 관한 지식을 가질 수 없다고 주장했기 때문이다.

칸트의 견해에 따르면 특정한 형태의 지식의 우월성은 그 지식의 **형식적 특성**에 있어야 한다. 지식에 가장 요구되는 것은 **설명의 완전함과 체계적 통일성**이다. 인간 특유의 본성에는 우리의 집단적 지식 체계 안에서 더 완전한 설명과 더 큰 체계적 통일성을 추구하고자 하는 충동이 있다. 그리고 칸트는 분명 이러한 충동이 유익하다

---

3   Augustine, *On the Trinity*, XII, 15. 『삼위일체론』(역본 다수).

4   Thomas Aquinas, *Summa Theologica*, IIa, Q. 66, Art. 5.

고 믿었다. 지식 체계가 더 완전한 만큼, 통일되는 만큼 더 좋다는 것이다. 그러나 잔존하는 불완전함과 불일치가 전혀 없는 지식 체계가 실제로 **있을** 수 있다고 가정한다면 환상에 빠진 것일 수 있다. 하지만 그러한 지식 체계에 대한 **전망**을 우리 앞에 매혹적인 비전으로 나타내는 것은 해롭지 않으며, 어쩌면 약간의 유익이 있을 수도 있다. 실제로 우리는 우리가 가진 것보다 **더** 복잡하고 **더** 통일된 무언가를 얻고자 하는 상황 외에 다른 상황에 처하지 않을 것이다. 우리는 불가피하게 비교급과 운명을 함께한다. 최상급은 영원히 우리 너머에 있다.

이러한 아퀴나스식 정당화의 칸트 버전은 서구 세계에서 대부분은 아니더라도 상당수 학자의 확신을 사로잡았다. 현재 우리가 소유한 것보다 더 완전하고 더 통일된 이론 체계에 대한 인류의 끊임없는 추구는 획득한 지식의 내재적 가치에 의해 정당화되는 것으로 보인다. 이러한 추구가 정당화되기 위해서 획득한 지식의 유용성이 입증되어야 하는 것은 아니다.

나는 인간의 삶에서 이론화의 위치에 관한 이런 칸트식 조망을, 지식의 내재적 가치를 긍정한다는 이유로 아퀴나스식 정당화의 한 형태로 분류했다. 동시에 칸트식 형태와 아퀴나스식 형태의 근본적인 차이도 강조했다. 칸트의 형태는 지식에서 어떤 대상도 우선적 지위를 부여받지 않는 것이다. 그 대신 특정한 **형식적 특성**을 지닌 지식에 우선적 지위가 부여된다. 그런데 주목할 만한 또 다른 차이가 있다. 아퀴나스는 학자의 궁극적 목표가 학자 **자신**이 하나님에 대한 지식을 갖게 되는 것이라고 말한다. 그 학자는 분명 동료에 대한 사랑으로 자기 지식을 나누려 할 것이다. 그러나 아퀴나스가 생각했던 그림은 학자들이 인류의 지식 체계에 각각 공헌하여 하나님에 대한 **다른 누군가**에 의한 지식도 여기에 포함된다는 것이 아니다. **각** 학자의 목표는 **자기 자신**이 하나님에 대한 지식을 얻게 되는 것이다. 칸트의 그림은 극명히 다르다. 칸트의 그림에서 목표는 우리 각자가 인류의 지식 체계에 기여하는 것이다. 즉, 우리가 현재 가지고 있는 것의 완전성 및 통일성과 관련하여 지식 체계의 진전을 이루는 것이다. 그러나 이러한 더 나은 지식 체계를 갖는 개별 인간은 실제로 없을 것이다. 그것은 학자 공동체 전체에 분배되어 있을 것이다. 주어진 학자가 가진 지식 체계는 항상 근본적으로 불완전하고 다른 학자들의 지식과 완전한 정합성을 이루지 못할 것이다. 이제 누군가가 각자 알고 있는 명제 체계가 존재한다. 학자의 목표는 **누군가**가 각자 알고 있는 명제들로 이루어진 새로운 체계 형성에 기여하는 것이다. 전체가 현재의 전체보다 더 완전하고 더 통일성 있게 하는 그런 것이다. 그러나 어느 학자도 학자 공동체가 함께 짓고 있는 이 건물 전체를 조사하지는 않을 것이다. 그 누구도 작은 모퉁이 이상을 볼 수 없는 건물을 짓는 일에 모두 함께 끊임없이 관여하고 있다. 그리고 어떤 주어진 학자가 작업하고 조사하는 모퉁이는 평생 완전성과 통일성이 증가하지 않음을 보여 줄 것 같다. 그럼에도 불구하고 그가 가진 인지 상태는 그에게 본유적 가치가 있을 수 있다. 하지만 그 인지 상태는 그가 이르고자 했던 것에 미치지 못할 것이며, 또한 아마도 그가 공헌한 결과로 다른 사람들이 언젠가 이르게 될 상태에도 미치지 못할 것이다.

영국 르네상스 작가 프랜시스 베이컨은 "아는 것은 힘이다"라고 말했다. 이론화의 정당성에 관한 영향력 있는 사상 노선을 세 번째로 나타낸 것이다. 분명 그는 상당수의 지식은 그 가치가 그 힘에 있다고 생각했다. 이론적 지식 추구의 정당성은 획득한 인지적 상태가 우리 손에 가져다준 힘에 있다.

베이컨이 생각한 힘은 자신의 상황을 지배하는 힘이다. 학문의 인지적 결과는 자신의 욕구에 맞춰서 자신의 상황을 바꾸는 데 유용하다. 베이컨이 염두에 두었을 법한 행동 모델은 다음과 같다. B를 이루는 것을 나의 목표로 할 때, A를 함으로써 B를 이루리라고 믿는다면, 나는 A를 한다. 학문이 우리의 행동 근거인 믿음들을 제공하는 동시에 우리가 행동할 새로운 목표를 제안할 수 있다는 것이 아마도 그의 견해였을 것이다.

베이컨식 정당화는, 이론적 지식이 다양한 비인지적 유익 달성에 유용하다는 점이 그러한 지식 추구를 정당화한다는 측면에서 피타고라스식 정당화와 비슷하다. 그러나 관련된 유익에 대해서는 서로 다르게 식별한다. 피타고라스식 정당화에 따르면, 이론적 지식 획득이 주는 유익은 이론가의 성품을 더 좋게 바꾸는 도덕적 유익이다. 그리고 (적절한 종류의) 학문의 실천이 내재적으로 이러한 도덕적 유익을 낳는다는 것이 피타고라스 전통의 확신이었다. 베이컨식 정당화에 따르면, 이론적 지식 획득이 주는 적절한 유익은 우리의 **상황**

을 바꿀 수 있게 하는 유익―힘의 획득―이다. 그러나 힘이 **내재적으로** 좋은 것으로 여겨지지는 않는다. 오히려 힘은 이러저러한 식으로 자기 상황을 바꾸는 데 **실제로 사용됨으로써** 결과적인 정당성을 얻는다. 베이컨식 정당화를 만족시키기 위해서는 학문의 결과가 관련된 행위에 관여해야 한다. 학문은 행위―학문 행위가 아닌 다른 행위―를 위한 것이다. 학문이 정당화되려면 학문의 결과가 기술에 사용되어야 한다. 그리고 학문의 결과가 그렇게 사용되는지 여부는 '연구자'로서의 학자의 역할 바깥에 있는 문제다.

베이컨식 정당화는 서구인의 확신을 굉장히 확고하게 사로잡아서 오늘날에는 베이컨 자신이 생각했던 것보다 훨씬 더 확대되었다. 베이컨이 힘이라는 결과적 유용성으로 지식 추구가 정당화된다고 제안했을 때 염두에 두었던 것은 주로 **물리적** 환경의 변화였다. 그가 촉구한 것은 **기술적** 지식이라고 불릴 만한 것을 추구하는 것이다. 20세기에 사는 우리는 **인간의** 행동에 관한 법칙들을 알게 되면서, 우리 앞에 펼쳐진 **행동에 관한** 지식의 전망, 즉 자신의 목표에 따라 동료 인간의 행동을 바꾸는 데 사용되는 지식의 전망을 보았다. 예전에 연구자와 자연 기술자 사이에 동맹이 존재한 곳에, 이제는 연구자와 사회 기술자 사이에도 동맹이 존재한다.[5]

---

5   최근 몇 년 동안 우리는 피타고라스 전통이 베이컨 전통에 기이하게 흡수되는 것을 보았다. 학문이 자연스럽게 자기 향상을 지향한다는 확신은 금세기에는 받아들이기 어려워졌다. 이제 학문은 자연스럽게 우리의 성품을 향상하는 경향이 있는 것처럼 보이지 않는다. 이와 더불어, 심리학자들은 심리적 자기 변화에 관한 법칙을 발견했다고 주장한다. 그리고 이는 심리적 자기 향상을 위한 기술의 가능성을 열었다. 예를 들

요약하면, 서구에는 획득한 지식으로 인한 비인지적 효과와 유용성이라는 가치가 학문을 정당화한다고 주장하는 사람들의 오랜 역사가 있다. 하지만 서구에는 또한 획득한 지식이 낳은 인지적 의식 상태라는 내재적 가치만으로 정당화된다고 주장하는 사람들의 오랜 역사도 있다. 당연히 이런 입장들은 양립 불가능한 게 아니다. 어떤 탐구 분야는 그러한 정당성 중 하나로 정당화될 수 있고, 또 다른 분야는 다른 정당성으로 정당화될 수 있다. 그리고 한 분야가 두 가지 방식으로 정당화될 수도 있다. 지식의 몇몇 내용은 그 본유적 가치를 위해서도, 또한 내재된 효과나 유용성을 위해서도 지닐 만한 가치가 있다.

박탈과 억압이라는 짐을 덜고 샬롬이라는 대의를 진전하는 데 이론적 지식이 유용하다는 것이 이제 나에게 명백해 보인다―논증할 필요도 없이 명백해 보인다. 사실 **필수**다. 학자의 소명에 관한 그리스도교적 이해는 적어도 몇몇 이론적 지식 추구가 그 결과와 유용성에 의해 정당화된다는 결론으로 분명히 이어진다.

그런데 흥미로운 물음은 그것이 문제의 전부인가 하는 점이다. 이론적 지식 습득은 **오로지** 지식의 효과와 유용성과 관련해서만 정당화되어야 하는가? 아니면 지식의 소유와 습득 자체가 좋은 것일 수 있을까? 지식의 소유와 습득 자체가 샬롬의 차원, 인간 성취의

어, '자신'을 다루는 기술자들은 분노를 억누르기보다 **표현**하는 방법을 가르쳐야 한다고 제안한다. 그들의 주장에 따르면, 화를 표현하면 더 행복한 사람이 된다는 점이 발견되었기 때문이다.

요소일 수 있을까?

구약 예언자들의 증언에 따르면 사람의 샬롬에는 과부와 고아를 위한 정의가 포함된다. 사람의 샬롬에는 또한 부모와 자식 간의 사랑, 푸른 풀밭과 흐르는 시냇물에 있는 기쁨도 포함된다. 사람의 샬롬에 이론적 지식—학문이 우리에게 줄 수 있는 사람, 우주, 하나님에 대한 이해—도 포함될까?

나는 이 물음에 '아니오'로 대답하는 게 불가능하다고 본다. 이해, 파악, 지식이 우리의 창조된 본성의 성취를 구성한다는 것이 내게는 분명해 보인다. 또한 내게는 이해 대신 무지가, 파악 대신 혼란이 있는 한 인간의 성취가 하나님이 의도하신 것에 미치지 못한다는 점도 분명해 보인다. 물론 인간의 성취는 오로지 지식으로만 이루어지지 않는다. 그리고 당연히 이해와 파악에는 이론가가 우리에게 제시하는 것보다 더 많은 것이 있다. 게다가 우리는 창조가 풍성하게 상호 연결되어 있어서 지식이 낳는 비인지적 유익과 용도를 계속해서 발견한다. 그럼에도 나는 우리 자신과 우리가 사는 현실에 대한—현실을 통합하는 구조와 설명하는 원리에 대한—이론적 이해가 하나님께서 우리를 향해 의도하신 샬롬의 구성 요소라고 말하고 싶다. 지식이 없는 곳에서 삶은 시들해진다.

지식—**일부** 지식—은 하나님이 정하신 우리의 성취 요소라는 점에서 내재적 가치가 있다. 아퀴나스식 정당화는 실제적인 무언가를 가리킨다. 사람은 경이로운 피조물로 창조되었으며, 자신의 경이가 지식 안에서 성취되기까지 사람은 성취되지 않는다.

20. 학자들의 선택 원칙들

우리의 목표는 순수 이론/실천 지향적 이론 논쟁의 뿌리에 이르는 것이었다. 우리는 아직 거기에 이르지 못했다. 왜냐하면 그 논쟁이 우리가 이제까지 다룬 정당성 문제와 많은 관련이 있더라도, 그 논쟁 자체가 이론화의 정당성에 **대한** 것은 아니기 때문이다. 이론화의 정당화는 말하자면 '이차 단계'의 작업이다. 이러한 정당성을 제시하는 사람은 먼저 이론화라는 분야를 살핀 다음, 그 유익에 관해 설명한다. 그러나 순수 이론/실천 지향적 이론 논쟁은 **일차** 단계에서 작업하는 학자들과 관련된다. 그 논쟁은 학자들이 자신의 탐구 방향을 선택하는 원칙—나는 학자들의 "선택 원칙"(choice-principles)이라고 부를 것이다—과 관련된다.

여기에서 쟁점을 명확하게 진술하려면 서로 다른 이 두 단계, 곧 선택 원칙이라는 일차 단계와 정당화라는 이차 단계를 염두에 두어야 한다. 하지만 정당화에 관하여 믿는 바는 선택 원칙에 관하여 권고하는 바와 **관련** 있다.

아퀴나스식 정당화를 채택한 사람은 어떤 인지 상태들에 내재적 가치가 있다고 주장한다. 이로써 그는 자신의 탐구 방향을 결정하기 위한 선택 원칙, 즉 **인지적** 선택 원칙을 갖는다(본유적 가치가 있는 인지 상태를 가져올 가능성이 가장 큰 탐구 방향을 선택하라). 그리고 또한 그가 본유적으로 가치 있는 지식 상태들이 가치와 관련하여 서로 차이가 있다고 주장한다면, 그러한 상태들 **중에서** 선택하기 위한 인지적 선택 원칙을 갖는다(최대 다수에게 최대의 내재적 가치를 지닌 지식을 가져올 가능성이 가장 큰 탐구 방향을 선택하라).[6]

이제 나는 **순수 이론**이라는 개념을 소개할 수 있다. 어떤 학자가 추종하는 탐구 방향이 내재적 가치가 있는 지식을 산출할 수 있다는 판단 때문에 선택한 것이라면, 그를 가리켜 **순수 이론**에 종사하고 있다고 해 보자. 나는 사람들이 누군가를 순수 이론에 종사하는 사람이라고 말할 때 대체로 의미하는 바가 바로 이런 것이라고 생각한다. 반면, 어떤 학자가 추종하는 탐구 방향이 인지 상태가 아닌 다른

---

6 이 영역에는 다른 유사한 원칙들이 있다. 예를 들면 다음과 같다. **자신에게** 가장 큰 본유적 가치가 있는 지식을 가져올 가능성이 가장 큰 탐구 방향을 선택하라. 본문에서 다양한 가능성을 조사하는 것은 과한 일이다. 또한 다음과 같은 점을 관찰해야 한다. 즉, 본문에서 제시한 원칙을 가지고 작업하는 학자는 중간 정도의 본유적 가치가 있는 지식을 얻을 큰 가능성과 큰 본유적 가치가 있는 지식을 얻을 작은 가능성에 직면할 수 있다는 것이다. 그런 다음 그는 결정 절차를 통해 각 선택지의 잠재적 유익을 저울질해야 한다. 마찬가지로 그는 더 많은 사람이 얻을 수 있는 더 적은 가치의 지식과 더 적은 사람이 얻을 수 있는 더 큰 가치의 지식 사이에서 선택해야만 할 수도 있다. 여러 시대에 걸쳐, 학자들은 인류가 일반적으로 학자의 존재에서 얻는 어떤 대리적 유익에 관한 다양한 견해를 통해 후자의 선택을 옹호해 왔다.

무언가를 가져오거나 다른 유용함이 있는 지식을 산출할 수 있다는 판단 때문에 선택한 것이라면, 그를 가리켜 **실천 지향적 이론**에 종사하고 있다고 해 보자.[7]

그러나 순수 이론의 중요성을 긍정하는 사람들이 모두 내가 방금 제안한 의미로 '순수 이론'이라는 말을 사용하는 것은 아니다. 이들 중 일부는 인지적 의식 상태가 내재적 가치를 지닌다는 것을 부정한다. 이론적 탐구에 정당성을 부여하라고 하면 그들은 베이컨식 이론을 제시할지도 모르지만, 확실히 아퀴나스식 이론을 제시하지는 않을 것이다. 그럼에도 그들은 실천 지향적이지 않은 이론화의 중요성을 긍정한다.

처음 들었을 때 이것은 그저 어리둥절할 수 있다. 누군가 학문이 바람직한 방식으로 우리의 상황을 바꾸는 유용성에 의해서만 정당화된다고 주장하면서 동시에 실천 지향적이지 않은 이론화를 권장할 수 있을까? 베이컨식 정당화가 직접적으로 산출하는 것은 다음과 같은 (비인지적) 선택 원칙이다. 인간의 상황을 가장 바람직한 방식으로 바꾸는 데 유용한 지식을 가져올 가능성이 가장 큰 탐구 방향을 선택하라. 그러나 누군가 실제로 오직 이러한 원칙으로만 탐구의 방향을 선택한다면, 실천 지향적 이론에 종사하는 것이다. 그렇다면 실천 지향적이지 않은 이론화의 중요성을 주장하는 것과 학문

---

7   원리상 학자는 특정한 탐구 방향을 따르는 두 종류의 이유를 **동시에** 가질 수 있다. 이렇게 동시적인 경우, 학자는 순수 이론과 실천 지향적 이론 모두에 종사하게 될 것이다. 또한 학자는 주어진 연구 방향을 따르면서, 순수 이론과 실천 지향적 이론이 혼합된 것에 종사할 수도 있다.

에 대한 베이컨식 정당화를 어떻게 결합할 수 있을까?[8]

다음과 같은 방식으로 결합할 수 있을 것이다. 즉, 기술적 유익과 무관하게 자신의 탐구 방향을 잡는 연구자가 많으면, 기술적으로 유익한 지식이 더 많이 나올 가능성이 크다. 만일 모두가 국방부, 국립공원관리공단, 보건복지부 등에 유익하다고 판단되는 방향으로 자신의 연구를 진행한다면, 장기적으로 인류의 기술적 이익에 별로 도움이 되지 않을 것이다. 요컨대, 실천 지향적이지 않은 이론에서 나온 결과들과 장기적으로 볼 때 기술적으로 가장 유익한 결과들 사이에 예정 조화가 존재한다는 확신이 현대 세계에 널리 퍼져 있다.

8   이론을 위해 제시되는 정당화와 이론의 방향을 결정하는 데 사용되는 선택 원칙 사이에서 내가 주목하고 있는 느슨함은 아마도 피타고라스식 정당화의 경우에서 훨씬 더 분명할 것이다. 하버마스가 기술한 고대판 피타고라스 전통에서든 내가 언급한 현대의 변형판에서든 연구의 근저에 있는 관심은 학자가 어떤 탐구 노선을 추구할지 결정하는 데 지침을 주지 않는다. 우주의 영원한 질서의 어떤 측면을 관조하든 아무런 차이가 없겠지만, 그럼에도 관조자의 영혼은 질서 있게 될 것이다. 과학적 방법을 어떤 탐구 문제에 사용하든 아무런 차이가 없겠지만, 그럼에도 탐구자의 성품은 제거될 것이다. 그러나 이론가는 자신의 탐구 방향을 선택해야 한다.

이 문제에 대해서 르네상스 인문주의자들은 흥미롭게도 고대판과는 다른 피타고라스 전통을 구성해 냈다. 인문주의자들은 스콜라학자 특유의 이론 정형화 대신, 고전 텍스트 읽기와 고전 역사 연구를 제안했다. 인문주의자는 결과적으로 얻을 지식을 위해 그러한 해석학적/역사적 연구를 제안한 것이 아니다. 학자의 성품에 예상되는 결과를 위해 그런 연구를 제안한 것이다. 인문주의자는 그러한 연구가 학자 자신을 교양 있는 인간으로 만들어 줄 것이라 생각했다. 그리고 교양 있는 사람이 인문주의자의 이상이었다. 연구는 자기 향상을 위한 것이었다. 그러나 인문주의자는 모든 형태의 학문적 탐구가 자기가 생각한 식의 자기 향상을 낳을 것이라 생각하지는 않았다. 인문주의자는 스콜라학자들의 이론화는 그렇지 않을 것이라고 주장했다. 이와 같이 인문주의자들이 연구에 관해 제시한 이 특별한 정당성은 다음과 같은 선택 원칙을 낳는다. 즉, 스콜라적 이론화보다 해석학적/역사적 연구가 선택될 것이다. 이러한 정당화도 해석학적/역사적 연구 영역 **안에서** 선택을 위한 원칙을 낳는지 여부는 훨씬 불분명하다.

그렇다면 그런 사람, 즉 지식의 가치가 오로지 비인지적 유익에만 있다고 주장하면서도 연구자 중 일부는 실천 지향적 이론화에 종사하는 것을 피해야 한다고 믿는 사람은 어떻게 학자가 탐구 방향을 결정하도록 권하는가? 이런 사람은 어떤 선택 원칙을 지지하는 것인가? 선택은 반드시 있어야 한다.

여기서 제시한 노선을 따라 생각하는 사람들은 대부분 다음과 같이 말할 것 같다. 인류의 기술적 이익에 기여하는 가장 좋은 방법은 수많은 연구자가 지적으로 자신이 가장 관심 있는 문제를 추구하게 하는 것이다. 그리고 어떤 이들이 생각하는 '순수 이론'이 바로 이렇게 추구하는 이론화다.

그래서 나는 '순수 이론'에 관한 다소 다른 두 가지 이해가 현대 세계에 존재한다고 제안한다. 어떤 사람들은 '순수 이론'이라는 말로, 내재적 가치가 있는 지식을 낳을 것이라는 연구자의 판단에 근거하여 방향을 선택한 이론화를 의미한다. 이는 내가 몇 쪽 앞에서 '순수 이론'을 정의한 방식이다. 이제 이를 **객관적** 순수 이론이라고 부르자. 또 다른 사람들은 '순수 이론'이라는 말로, 연구자 자신에게 지적 흥미가 있을 것이라는 판단에 근거하여 방향을 선택한 이론화를 의미한다. 우리는 이를 **주관적** 순수 이론이라고 부를 수 있다.[9]

---

9   결과적으로 베이컨식 정당화를 어떻게든 만족시키는 지식이 아닌, 주관적 순수 이론에 종사하는 것에 관한 다른 정당성도 제시될 수 있다. 예를 들어 누군가는 그저 지적 호기심이 채워지는 것도 인간에게 내재된 가치 중 하나라고 주장할 수 있다.
   이 글에서 나는 일반적으로 어떤 지식이 다른 지식보다 더 큰 내재적 가치를 갖게 만드는 것이 무엇인지 전혀 서술하려 하지 않았다―물론 어떤 지식이 다른 지식보다

그러면 이제, 샬롬-안의-정의라는 하나님의 대의를 섬기는 것이 학자의 소명이라고 주장하는 그리스도인은 순수 이론/실천 지향적 이론 논쟁에 관하여 무엇을 말해야 하는가? 학자의 선택 원칙에 관하여 그리스도인은 어떤 것을 권해야 하는가?

그리스도인은 원칙적으로 오로지 실천 지향적 이론만이 정당하다고 말하지 않을 것이다. 따라서 그는 단순히 다음과 같은 원칙을 채택할 수 없다—최대 다수의 사람에게 최대의 가치라는 유용성 내지 결과를 가져올 가능성이 가장 큰 탐구 방향을 선택하라. 왜냐하면 그는 적어도 **일부** 지식에는 본유적 가치가 있다고 주장하기 때문이다. 그리고 탐구 방향을 추구할 때 이 확신이 계산에 들어갈 것이다.[10]

더 큰 내재적 가치를 갖는다고 상정하고 있긴 하지만 말이다. 또한 나는 내재적 가치가 있는 지식과 누군가가 그 지식에 지적 흥미를 느낀다는 사실의 연관성을 탐구하지도 않았다. 누군가의 지적 흥미를 만족시키는 것이 지식에 내재적 가치를 부여하는 것이라면, 지적 흥미가 다양하다는 점을 고려할 때 아마도 어떤 지식에 내재적 가치가 있는지도 사람마다 다를 것이다. 어쨌든 객관적 순수 이론과 주관적 순수 이론은 위 본문에서 제시하는 것과 달리 극명하게 양자택일적인 것이 아닐 수 있다. 그럼에도 우리는 모두 별로 중요하지 않고 사소하다고 판단되는 약간의 지식을 얻는 데 강렬한 관심을 쏟은 경험이 있다—수수께끼나 퍼즐을 풀려고 노력할 때처럼 말이다. 우리는 논의를 하는 동안, 어떤 지식 거리를 **가지고 있는** 상태와 어떤 지식 거리를 **획득한** 경험 사이의 차이를 염두에 두어야 한다. 내가 보기에 현대 학자들은 전통적으로 학자들이 그랬던 것보다 후자에 상대적으로 더 비중을 두는 것 같다. 오늘날 우리는 종종 지식을 가지고 있는 상태보다 지식을 습득한 경험을 더 높이 평가한다.

10 나는 **최대 다수의 사람에게 최대의 가치**라는 유용성 내지 결과를 가져올 가능성이 **가장 큰 것을 선택하라**는 원칙과 **최대 다수의 사람에게 최대의 본유적 가치가 있는 지식을 가져올 가능성이 가장 큰 것을 선택하라**는 원칙이 결과에 있어서 반드시 일치하지는 않을 것이라고 가정하고 있다. 만일 결과적으로 일치한다면 어떤 지식에 본유적 가치가 있다고 주장하는 사람이 당연히 본문에서 정리한 원칙을 사용할 수도

그렇다면 그 반대는 어떨까. 즉, 원칙상 순수 이론만이 정당하다고 주장할 수 있을까? 나는 앞서 이론적 지식이 그와 관련된 실천에 필요하다는 점을 언급했다. 그럼에도 불구하고 이론가가 자신의 연구 방향을 결정할 때 실천에 눈독 들여서는 안 되며 항상 오로지 순수 이론에 종사해야 한다면, 이러한 입장은 이론가가 실천의 이익에 기여하는 최고의 방법이 언제나 순수 이론에 종사하는 것이라는 예정 조화 개념을 고수함으로써 옹호되어야 할 것이다.[11]

물론 순수 이론에서 습득한 지식이 중요한 실질적 적용을 담고 있다고 거듭 판명되는 것은 사실이다. 그리고 때로는 모든 학자가 오로지 실천 지향적 이론에만 종사했다면 그러한 지식이 나오지 않았을 것 같다. 그러나 동시에, 우리가 어떤 실질적 목표를 달성하는 데 필요한 이론적 지식이 모자란다는 점도 거듭 판명된다. 따라서 우리는 어떤 목표를 위한 이론적 지식을 얻어 내야 한다는 점을 알게 된다. 여기서의 요지는 반복해야 할 만큼 매우 중요하다. **우리의 비인지적 목표에 필요한 지식이 순수 이론에서 나온 것이 아님이 계속 드러나고 있다.** 제3세계 사상가들이 최근에 제시했듯이, 제1세계의 이론화는 그들의 사회 개혁 목표에 중요한 지적 자원을 제공하

있기 때문이다. 마찬가지로 나는 지식의 결과 내지 유용성이 항상 필연적으로 지식의 본유적 가치를 능가하지는 않을 것이라고 가정하고 있다. 만일 항상 필연적으로 능가한다면, 어떤 지식에 본유적 가치가 있다고 주장하는 사람은 본문에서 정리한 원칙으로 작업할 수 있기 때문이다.

11   나는 지식의 본유적 가치가 지식에 내재적인 결과 내지 유용성이라는 가치를 항상 능가하지는 않을 것이라고 가정하고 있다. 만일 항상 능가한다면, 이론가가 오로지 순수 이론에만 종사하는 것이 결코 문제 될 일이 없기 때문이다.

지 않았다. 따라서 이는 우리 서구의 '순수 이론'이 실제로는 그리 순수하지 않으며 우리가 생각하는 것보다 우리 자신의 사회 질서를 보존하는 쪽을 훨씬 더 지향하고 있다는 점을 시사한다. 어쨌든 나는 실천 지향적 이론이 원칙상 정당하다는 것이 확실히 분명하다고 생각한다. 우리는 실천에 기여하는 최고의 방법이 늘 순수 이론에 종사하는 것이라고 가정할 수 없다.

그렇다면 우리는 이제 어디로 가야 하는가? 우리는 그리스도인 학자에게 지식의 본유적 가치와 지식의 유익한 결과 및 유용성 모두 정당하게 관심을 둘 만한 것이므로 어느 한쪽에 우선성을 두어야 할 것이라고 말해야 하는 입장에 있다. 그는 본유적 가치가 있는 지식에 대한 주장들을 먼저 고려하지 않고서는 실천 지향적 이론에 종사할 수 없다. 그는 지식의 내재적인 결과와 유용성에 관한 주장들을 먼저 고려하지 않고서는 순수 이론에 종사할 수 없다. 그는 '내재적 가치가 가장 큰 지식을 가져올 가능성이 가장 큰 탐구 방향을 고르자'는 선택 원칙만으로는 움직일 수 없다. 그러나 또한 '가치가 가장 큰 비인지적 관심사에 사용할 만한 지식을 가져올 가능성이 가장 큰 탐구 방향을 고르자'는 선택 원칙만으로 움직일 수도 없다. 그는 순수 이론과 실천 지향적 이론을 저울질하면서 어떤 것이 샬롬-안의-정의라는 대의에 가장 실질적으로 기여할 가능성이 클지를 결정하는 어렵고도 복잡한 일을 늘 해야 한다.

그리고 그리스도인 학자는 언제나 자신이 처한 구체적인 역사적, 문화적 상황을 고려하여, 그리고 자신의 능력을 고려하여 그렇게 해야 한다. 그리고 그는 추상적인, 한 방에 다 되는 답변을 줄 수 없다. 지식에 대한 인류의 요구는 자신이 있는 장소와 시간에 따라 다르다. 그 요구는 북미에서 다르고 남미에서 다르다. 책임 있는 학문은 늘 그것이 나온 시대와 장소의 흔적이 있다.

미게스 보니노(Míguez Bonino)는 "실천(*praxis*)의 로고스가 아닌 모든 로고스"[12]를 거부하며 남미 학자 우고 아스만(Hugo Assmann)을 인용했는데, 나는 내가 아스만에게 동의할 수 없음을 알았다. 하지만 나는 어떤 실천도 없는 로고스를 추구하는 것이 정당화된다고 단순하게 아무런 문제의식도 없이 가정하는 서구 세계의 학자들에게도 마찬가지로 동의할 수 없다. 학자가 책임 있게 행동한다면, 자신이 처한 구체적인 상황에서 우선순위를 확정해야 하는 어려운 일을 피할 수 없다. 하지만 아스만의 말에도 중요한 점이 있다. 서구 학자들이 순수 이론의 요구를 무책임하게 무시하는 경우보다 실천 지향적 이론의 요구를 무책임하게 무시하는 경우가 더 자주 보이기 때문이다. 예를 들어 정당한 전쟁의 기준과 관련하여 미국인들은 실존적인 당혹감을 느끼고 있는데 그 와중에 우리 학자들은 대부분 자신의 순수 이론을 계속 추구하고 있기 때문이다.

여기서 한 가지를 더 말해야 한다. 몇 쪽 앞에서 나는 객관적인 순수 이론과 주관적인 순수 이론을 구분했다―즉, 지식이 본유적 가치를 가져올 것으로 보고 추구하는 이론화와 연구자에게 지적 흥

---

12   José Míguez Bonino, *Doing Theology in a Revolutionary Situation* (Philadelphia, 1975), p. 88.

미를 줄 것으로 보고 추구하는 이론화로 구분했다. 이제 나는 책임 있는 학자라면 그저 자신에게 흥미를 줄 것 같다는 이유에서 탐구 노선을 추구하는 것으로는 결코 만족할 수 없다고 확신한다. 물론 학자는 그것이 흥미롭기를 바랄 수 있다. 그리고 그는 지식에 가치를 부여하는 것 중 적어도 일부는 인간에게 흥미를 준다는 점임을 인정한다. 그러나 어떤 탐구 노선이 중요하든 중요하지 않든 흥미는 있을 것 같은데, 자신에게만 흥미롭고 아마 다른 사람에게는 흥미롭지 않다면, 그 자체만으로는 그것을 추구하는 결정적 이유가 될 수 없다. 그는 가치에 대한 생각을 잊을 수 없다―특히, 자신뿐만 아니라 일반적으로 동료 인간에게 가치 있는 것이 무엇인지를 고려하지 않을 수 없다.

21. 서로 다른 두 가지 견해

(1) 아우구스티누스와 아퀴나스는 단순히 영원하신 하나님에 대한 지식이 가장 큰 내재적 가치가 있는 지식의 형태라고 주장하지 않았다. 그들은 영원하신 하나님에 대한 지식이 내재적으로 가치 있는 모든 목적 중에서 가장 고귀하다고 주장했다—단순히 모든 형태의 지식 중 가장 고귀한 것이 아니라 모든 인간의 목적 중에서도 가장 고귀하다. 또한 그들은 이론적 성찰을 통해서도 하나님에 대한 지식을 부분적으로 얻을 수 있다고 보았다.[13] 따라서 그들의 관점에서는 영원하신 하나님에 대한 지식을 추구하는 것이 인간이 할 수 있는 가장 고귀한 활동이다.[14]

[13] 그러나 아우구스티누스라면 이렇게 얻을 수 있는 지식은 오로지 **깊이가 더해진** 지식일 뿐이라고 덧붙일 것이다. 이러한 지식의 출발점은 믿음이다.

[14] 다음과 같이 통찰력 있는 미게스 보니노의 말과 비교해 보라. "이스라엘의 신앙은 지식(gnosis)이 아니라 어떤 특정한 행동 방식, 곧 국가 안팎의 관계 방식, 또는 상상할 수 있는 모든 수준에서 삶에 질서를 부여하는 **방식**(길)으로 묘사되며, 이는 이스라엘

아퀴나스가 이러한 입장을 어떻게 이해하는지 간략히 살펴보자. 아퀴나스는 인간의 참된 목적(목표)이 행복이라고 말한다. 그리고 "본질적으로 인간의 행복은 창조되지 않은 선(Good)과 자신의 존재가 결합하는 데 있고…."[15] 따라서 "인간의 궁극적이고 으뜸이 되는 선은 하나님을 향유하는 것이다."[16]

인간의 궁극적 행복을 이루는 이러한 하나님과의 연합의 본질은 "지성의 행위에 있다."[17] 특히 인간의 궁극적 행복은 하나님을 본질적으로 아는 지적 행위에 있다.[18] 이 행복을 성취하고자 하는 목표가 우리의 의지를 지배한다. 또는 지배해야 한다. 그래서 "행복에서 오는 기쁨은 의지와 관련된다"[19]고 할 수도 있다. 하지만 이 목표는 지성의 행위에 **있다.**

그런데 왜 하나님을 아는 것—이러한 앎에는 **지혜**라는 칭호를 붙일 수 있다—이 인간의 궁극적 목적이라고 상정해야 하는가? 왜 인간의 궁극적 지복이 지혜에 있다고 생각해야 하는가? 왜냐하면

과 함께하시는 하나님의 길에 해당한다. 이러한 배경을 잘 보여 주는 예로는 시편이 있는데, 이는 예수님이 자신을 가리키며 길이라는 단어를 사용하신 것을 설명해 줄 수 있다. 이 모티프는 한편으로 바울 문학에서 권면의 맥락에서도 나타난다. 신앙은 '행함'(walking)이다. 지식과 앎이라는 관념에도 이렇게 능동적이고 참여적인 내용이 있다는 점을 지적할 필요는 없다." *Doing Theology*, p. 89.

15 Thomas Aquinas, *Summa Theologica*, Part IIA, Q. 3, Art. 3. 이하 *ST*로 표기함.

16 *ST*, Part IIB, Q. 23, Art. 8.

17 *ST*, Part IIA, Q. 3, Art. 4.

18 *ST*, Part IIA, Q. 3, Art. 8.

19 *ST*, Part IIA, Q. 3, Art. 4.

인간의 행복이 어떤 활동이라면 행복은 인간의 최고의 활동이어야 한다. 그렇다면 인간의 최고의 활동은 최고의 대상과 관련하여 자신의 최고의 능력을 발휘하는 활동이다. 그리고 최고의 능력은 지성이며, 지성의 최고의 대상은 하나님의 선이고, 이는 실행의 대상이 아니라 사색적 지성의 대상이다. 결과적으로 행복은 주로 이러한 활동, 즉 신적인 것들을 관조하는 데 있다. … 따라서 우리가 장차 올 삶에서 기다리는 최종적이고 완전한 행복은 전적으로 관조에 있다. 그러나 여기서 가질 수 있는 불완전한 행복은 우선 주로 관조에 있긴 하지만, 부차적으로는 인간의 행동과 정욕을 지도하는 실천적 지성의 활동에 있다.[20]

"이생에서는 완전하고 참된 행복을 가질 수 없는데…." 그럼에도 불구하고 "이생에서도 저 행복에 어느 정도 참여할 수 있다."[21] "사람이 지혜를 추구하는 데 자신을 바치는 만큼, 지금도 참된 지복을 어느 정도 공유할 수 있다."[22]

지혜가 인간의 궁극적 행복의 본질을 이룬다면, 사랑(charity)이라는 '신학적 덕목'은 이러한 그림에 어떻게 들어맞을까? 사랑은 "하나님을 향한 인간의 우정"[23]으로 정의될 수 있고, 이 덕목의 실현은 하

---

20   *ST*, Part IIA, Q. 3, Art. 5.

21   *ST*, Part IIA, Q. 5, Art. 3.

22   *Summa contra Gentiles*, l, 2. 이하 *SCG*로 표기함.

23   *ST*, II8, Q. 23, Art. 1.

나님을 향한 인간의 사랑이다. 또한 "사랑이 하나님께 이르는 것이므로 우리를 하나님께 연합시킨다"[24]라고 말할 수 있다. 그런데 "닮음은 사랑의 원인이 된다."[25] 인간은 지혜를 추구함으로써 "'지혜로 만물을 만드신' 하나님과 특히 닮아간다. 그리고 닮음이 사랑의 원인이므로, 지혜를 추구하는 것은 인간을 하나님과 우정으로 특히 이어준다."[26] 따라서 사랑은 지혜로써―즉 하나님을 앎으로써―세워진 하나님과의 연합에 내재한 결과라고 결론 내릴 수 있다.

그러나 만일 인간 행복의 본질이 단지 하나님에 대한 지적인 관조에만 있다면, 인간의 동료애는 인간의 궁극적 목적에 필요 없는 것일까? 자연과 조화를 이루며 사는 정의롭고 행복한 공동체의 존재는 인간의 궁극적 행복과 그저 무관한 것일까?

아마 무관하지 않을 것이다. 하지만 반드시 필요한 것은 확실히 아니다. 여기 이생에서 행복한 사람은 친구가 필요하고, 몸을 유지해 줄 것이 필요하다.[27] 그러나 완전한 행복을 얻었을 때는 그렇지 않다. 하나님에 대한 지적 관조에는 부족한 것이 전혀 없을 것이다. "우리가 하늘 아버지의 나라에 있을 완전한 행복에 관해 이야기한다면, 하나님 안에서 완전히 충만해지므로 친구들의 교제는 행복에 필수가 아니다."[28] 우리가 다른 사람들의 현전에서 자신을 발견해야

---

24   *ST*, II8, Q. 23, Art. 3.

25   *ST*, IIB, Q. 26, Art. 2, *obj.* 2.

26   *SCG*, I, 2.

27   *ST*, IIA, Q. 4, Art. 8; 그리고 ST, IIA, Q. 4, Art. 3.

한다면, 그들에 대한 사랑은 하나님을 사랑한 데서 비롯될 것이다. 그러면 우정은 "원래 그렇듯 완벽한 행복에 부수적으로 동반"[29]될 것이다. 그러나 인간 동료애의 부재는 성취의 결핍을 의미하지 않는다. 마찬가지로 하나님에 대한 지식이 있는 사람은 육신을 떠났을 때도 결핍을 경험하지 않는다. "인간의 완전한 행복은 하나님의 본질을 보는 것에 있으므로 육체에 의존하지 않는다. 따라서 몸이 없어도 영혼은 행복할 수 있다."[30] 하나님을 알고 사랑하는 사람은 결국 부활 때에 새로운 몸을 얻게 될 것이다. 그때 그는 행복의 정도가 증가하는 경험을 할 것이다. 그러나 행복의 강도가 증가하는 경험을 하는 것은 아니다.[31] 그리고 그때 그의 영혼이 결합할 몸은 "더 이상 동물적인 것이 아니라 영적인" 몸이라는 점을 덧붙여야겠다. "따라서 [현재 우리 몸] 외부의 좋은 것들은 동물적 삶을 위해 정해진 것이므로 행복에 필수가 아니다."[32]

이는 분명히 내가 이제까지 개관했던 것과 매우 다른 관점이며, 이론화와 인간의 삶 일반의 적절한 관계에 관한 다른 견해를 낳는데, 실제로 매우 많은 점에서 다를 것이다. 한 가지 차이, 즉 한 번에 눈에 들어오지 않는 차이에 주목해 보자. 모든 사람이 학자가 될 수

---

28 *ST*, IIA, Q. 4, Art. 8.
29 Ibid.
30 *ST*, IIA, Q. 4, Art. 3.
31 Ibid.
32 *ST*, IIA, Q. 4, Art. 7.

있지는 않다. 시간이 부족할 수도 있고, 능력이 부족하거나 성향이 다를 수도 있다. 그런데 토마스주의적 견해에서 바로 뒤따라 나오는 것은 지적 엘리트주의다. 가장 고도화된 형태의 연구는 학자들 자신의 유익을 위한 것이며, 동료들보다 더 높은 상태에 올라가게 해 준다. 다른 사람들은 바깥에서 안을 들여다보며, 기껏해야 대리적인 유익을 얻는 데 그친다. 이론의 세계에 들어간다는 것은 목적과 행동이 열등한 것을 뒤로하는 것이다. 그것은 빛이 가물거리는 동굴의 어둠에서 태양의 밝은 빛을 향해 벗어나는 것이며, 해방되는 것이다. 그리고 오직 **일부** 사람만 해방될 수 있다. 반면 내가 발전시킨 입장에서는 학문이 인류를 섬기는 일에 곧바로 위치한다.

(2) 연구와 삶의 관계에 관한 대안적 견해는 학문에 관한 철저한 비엘리트주의적 견해를 지지한다―이는 **전통적인 개신교적 견해**로 불릴 수 있다. 개신교인들, 특히 칼뱅주의 개신교인들은 구약성경을 읽으면서 땅을 정복하고 다스리라는 "지배" 구절에 충격을 받았다. 그들은 이 구절에서 인류가 하나님께 명령을 받았다고 듣는다―이는 나중에 "문화 명령"으로 불리게 되었다. 아마도 구약성경의 "지배"라는 단어를 표면적으로 그럴듯하게 읽은 독해는 나중에 마르크스가 "생산적 노동"이라고 부른 것에 종사하도록 인간이 명령받는다는 것이다. 그러나 이것이 개신교 전통 특유의 이해 방식은 아니다. 개신교 전통은 생산적 노동뿐만 아니라 문화 전체의 형성에 대한 명령으로 이를 이해했다. 그리고 학문의 발전을 문화 형성의 필수 요소로 이해했다―자기 향상을 위한 도구일 뿐만 아니라, 자

신의 환경을 유익하게 개선할 도구일 뿐만 아니라, 도구가 아닌 그 자체로도 좋은 것으로 이해했다. 하나님은 학문의 발전을 그렇게 선언하셨고, 학문의 발전을 추구하라고 명하셨고, 따라서 학문의 발전은 문화 명령에 대한 인간의 순종적인 응답의 한 부분이다.

그러나 당연히 학문의 발전은 인간의 총체적 응답에서 오직 한 면만을 구성할 뿐이다. 그리고 종교개혁자들은 학문의 발전이 가장 고귀하다고 생각할 이유가 전혀 없다고 보았다. 모든 직업은 하나님 앞에서의 소명이어야 하며, 서로 전략적 중요성은 다르더라도 고귀함에 있어서는 동등해야 한다. 하나님이 보시기에 연구는 농사보다 더 고귀한 게 아니며, 이론화는 가구 제조보다 더 고귀한 일이 아니며, 학문은 정치보다 더 고귀하지 않다. 모든 정당한 직업은 문화 명령에 대한 순종적 응답이라는 하나님 앞에서의 동등한 지위를 갖는다. 엘리트주의가 사라졌다.

하지만 여기에도 필수적으로 강조되어야 할 몇 가지가 이상하게 빠졌다. 강조되어 있는 것은 세상을 인간화하라는 우리의 소명이다. 빠진 것은 그러한 인간화가 그저 우리의 손과 마음의 흔적을 자연에 새기는 것으로 끝나는 게 아니라, 항상 인간의 유익을 위해서 해야 한다는 점이다. 빠진 것은 각 사람이 동료 인간의 유익을 위해 일해야 한다는 점이다. 학자가 자신의 학문을 꾸려 갈 때 동료 인간의 필요를 고려해야 한다는 점을 전혀 인식하고 있지 않은 것이다.

또한 이상하게 빠진 것은 타락과 회복이라는 주제다. 강조점이 전부 세상을 인간화하라는 **창조 시** 인간의 소명에 있다. 인간이 타락하고 하나님이 회복을 위해 일하기 시작하셨을 때 우리의 책임이 특수하게 재설정되었다는 점에는 주의를 기울이고 있지 않다. 따라서 동료 인간들에 의한 박탈과 억압이라는 짐을 덜어 내는 대의에 이바지하는 것으로 이루어진, 동료 인간에 대한 학자의 섬김이라는 **특수한** 방식은 간과되고 있다. 이와 대조적으로 내가 주장한 것은 학자의 탐구가 현실 사회라는 타락한 상태에 비추어 그 경로를 취해야 한다는 것이다. 지적인 문화는 실제 우리의 사회 상태에서 발견되는 박탈 및 억압과 결코 단절되어서는 안 된다. 완전히 개발하지 못한 것이 유일한 결점인 태고의 타락하지 않은 사회에 살고 있는 것처럼 학문 활동에 착수할 수는 없다.

게다가 개신교의 견해에는 이상하리만큼 추상적이고, 이상하게 탈역사적인 특성이 있다. 역사에서 앞으로 나아가는 세력과 샬롬의 도래를 지연하는 세력이 벌인 일진일퇴의 전투에 대한 의식이 없으며, 결과적으로 학자는 전략적 진입 지점을 선택할 필요가 있다는 감각이 없다. 학자는 품위 있게 '문화를 발전시키며' 투쟁 너머에 머무르고 있다. 국회의사당(Reichstag)이 불타고 있는 동안 자기 책을 저술하고 있는 것이다.

나는 개신교적 견해가 이러한 요소들을 무시함으로써 실천 지향적 이론이 요구될 때 너무나도 자주 무책임하게 순수 이론을 추구하도록 조장했다고 말해야 한다고 생각한다. 자신이 문화 명령에 의해서 완전히 정당화된다고 생각하는 개신교 학자는 너무나도 자주 회복이라는 하나님의 대의가 우선임을 모르는 척하며, 그저 그 자체로 얻을 가치가 있다고 생각한 지식을 추구해 왔다. 사실 그는 학자가 아닌 동료 인간들보다 더 나은 일을 하고 있다고 생각하지는 않았다. 그러나 그는 또한 자신이 어떻게 동료들이 하고 있는 일을 더 잘하게 할 수 있을지를 묻지 않았다. 그리고 특히 성취를 위한 투쟁이 박탈과 억압의 굴레를 풀기 위한 투쟁과 얽히지 않고도 문화적 성취가 이루어질 수 있다는 듯이 행동했다. 문화는 역사와 사회와 동떨어졌고 독자적인 '세계'로 취급되었다.

22. 결론적 이의 제기

내가 이제까지 말한 것에 대한 반대가 사방에서 나온다. 그중 하나
는 순수 이론의 존재가 환상에 불과하다는 주장이다. 그 누구도 순
수 이론에 종사하지 않으며, 아마 아무도 그럴 수 없을 것이다. 우리
는 우리가 순수 이론에 종사하고 있다고 생각하며 자신을 기만하고
있다. 모든 이론은 사실 실천 지향적이다.

　이러한 입장을 지지하는 다양한 이유가 있는데, 그중에서 가장
흔한 것은 마르크스의 사상을 이용하는 것이다. 현대 의심 기술의[33]
위대한 두 대가인 마르크스와 프로이트는 개인적 차원에서든 사회
적 차원에서든 우리 행동의 **진정한** 이유와 우리가 이유라고 **제시하**
지만 실제로는 진정한 이유를 대신하고 있는 **합리화**(rationalizations)
를 구별하도록 가르쳤다. 우리는 합리화라는 연막탄을 던져서 타인

33　미게스 보니노의 표현이다. *Doing Theology*, p. 91.

은 물론 우리 자신에게도 진정한 이유를 숨긴다. 그렇다면 다음과 같이 주장할 수 있다. 내재적 가치가 있는 지식으로 이어질 가능성이 있다는 판단을 **이유**로 하여 어떤 탐구 방향을 따르고 있다는 학자들을 면밀하게 조사해 보면, 학자들이 제시하는 것은 자신의 진정한 이유가 아니라 진정한 이유를 감추는 합리화임을 알게 된다. 사실 학자들이 선택한 **실제** 이유는 그 탐구 노선이 자신들과 학자 계급이 누리는 특권과 권력의 자리를 영속시킴으로써 **자기** 이익을 증진할 것이라는 믿음 때문이라고들 한다.

유감스럽게도 나는 여기서 이 주장을 마땅히 다루어야 할 만큼 충분히 검토할 공간이 없다. 나는 인간의 동기를 이렇게 냉소적으로 읽는 것이 언제나 옳다는 주장이 납득할 만하지 않다고 말하는 것으로 만족해야 한다. 하지만 이렇게 말하자마자 나는 그것이 매우 자주 정확하다는 점을 계속해서 관찰하게 된다. 인간의 마음은 심히 부패했다. 마르크스와 프로이트는 그 위대한 명성에 맞게 삐뚤어진 마음의 길에 대해 많은 것을 가르쳐 주었다. 자신이 순수 이론에 종사하고 있다고 말하고 심지어 그렇게 믿는 학자가 실제로는 자신이 특권과 권력의 자리를 차지하고 있는 사회를 굳건하게 하려고 일하고 있는 것이 대개 사실이다. 그는 연구물을 만들어 냄으로써 자신의 지위를 누린다. 이 연구물의 은밀한 동기는 자신의 저 지위를 영구화하는 것이다. (그리고 자기 지위를 공고히 하는 것은 진정한 이유가 아니더라도 선택의 **결과**일 수 있다.) 따라서 순수 이론 대 실천 지향적 이론의 우선성에 대해 학자가 책임 있는 결정을 내리려면 그는 '자기의식'

이 필요하다. 그리고 자기의식에 이르는 길에 관해서는, 가면을 벗기고 기만을 드러내는 성경의 메시지를 주의 깊게 듣는 동시에, 박탈과 압제에 문제를 제기하는 사람들의 외침을 주의 깊게 듣는 것보다 더 좋은 길은 없다—이방인은 유대인에게 듣고, 유대인은 아랍인에게, 남자는 여자에게, 부자는 가난한 사람에게, 남아프리카공화국 백인은 남아프리카 흑인에게, 네덜란드인은 말루쿠인에게, 북미 사람은 남미 사람에게, 제1세계 사람은 제3세계 사람에게 듣는 것이다. 자신의 가면을 벗기는 복음의 예언적 말씀에 한쪽 귀를 기울이고 박탈과 압제를 겪는 사람의 외침에 다른 한쪽 귀를 기울이는 사람은, 실제로는 자신의 특권적 입지를 공고히 하려고 연구하고 있으면서도 자신이 순수 이론에 종사하고 있다는 환상에 빠지지 않을 것 같다.

찾아보기

- 한글 음역 없이 로마자로만 표기된 인명(문헌 저자·편집자명)은 ABC항목으로 분류했고 면마다 표기 방식이 다른 경우는 한글 항목으로 분류하고 로마자를 병기했다.
- 개념 설명이 있는 면은 *로 표시했다.